Queremos expresar nuestro profundo agradecimiento, tanto a la Unión de Actores, como a las agencias de representación de las estrellas cinematográficas seleccionadas (especialmente Torres y Prieto Asociados, Alsira García-Maroto, Media Art Management, European Creative Management, y Katrina Bayonas), por la colaboración que nos han prestado, al facilitarnos las fotos que figuran en este libro, así como un buen número de los datos reseñados en el mismo.

DICCIONARIO

DE LAS ESTRELLAS

CINEMATOGRÁFICAS

ESPAÑOLAS DE

LOS AÑOS NOVENTA

BEATRIZ CLEMENTE

© Cacitel, S.L. 1998
San Valeriano, 11
28039 MADRID

ISBN: 84-87754-26-0
Depósito Legal: M-37.330-1998
Imprime: Tecnología Grafíca S.L.

Av. Gumersindo Llorente, s/n.

INTRODUCCIÓN

En la inauguración de Midia-98, celebrada el pasado 16 de junio de 1998, el presidente de MIDIA (Mercado Iberoamericano de la Industria Audiovisual) y de la Federación de Productores de Cine (Fapae), Gerardo Herrero, presentó la Memoria Anual de esta última entidad relativa al año 1997, que ofrece unas cifras realmente alentadoras para la industria cinematográfica española.

En efecto, según esta Memoria se estrenaron 81 largometrajes españoles en 1997, lo que supone la cifra más alta de los últimos once años. Por otra parte, la cuota de mercado de nuestro cine en las salas españolas ha superado el 13 por ciento, lo que indica un aumento de casi cuatro puntos respecto a 1996, convirtiéndose en la cifra más alta de los últimos diez años. Las películas españolas llevaron en 1991 a las salas cinematográficas 3.200.000 espectadores más que en 1996, y en 1998 parece (cuando se escriben estas líneas) que va a continuar la que podríamos llamar «bonanza» de nuestro cine, pues según los datos ofrecidos por el Secretario de Estado de Cultura, Miguel Ángel Cortés, en la Universidad Internacional Menéndez Pelayo (UIMP) de Santander, el pasado 27 de julio de 1998, de los 42 millones de españoles que han pasado por una sala de cine en los primeros cuatro meses de este año, más de cinco millones han ido a ver una película española, y de los 2.401 millones de recaudación obtenidos por el cine español en los cuatro primeros meses de 1997, se han pasado a 3.135 millones en el mismo período de 1998. Además, en este último año, a la fecha señalada, se han abierto un total de 2.292 salas de cine, en contraste con las 2.024 de 1997 y las 1.849 de 1996.

A estas cifras hay que unir el hecho indiscutible de que la producción de series televisivas españolas atraviesa por uno de sus mejores momentos.

En definitiva: el público español ha comenzado a valorar nuestra producción audiovisual y, aunque es obvio que son muchos los factores que han originado esta circunstancia, nadie duda de que la irrupción en nuestras pantallas de una serie de actores que «conectan» con el público de un modo especial es una de estas causas de lo que se viene denominando «resurgimiento del cine español». Y es que, como acertadamente señalaba Ángel Fernández-Santos en su artículo titulado «Relevo de rostros», publicado en el diario *El País* el pasado 25 de mayo de 1998, «raro es el año que no se asoman a las pantallas unas cuantas caras desconocidas que revientan de cosas que decir. Es este –la impresión de volver a ver un rostro que nunca se ha visto– el indicio por excelencia de que estamos ante una presencia creadora de cine; ante un brote de sangres que inunda nuestras pantallas con un vigor sin otro precedente que la genial escuela de "voces cascadas" que apretaron la cima de su inmenso talento en los cincuenta».

Pues bien, a juicio de Cacitel S.L., el fenómeno descrito merece la elaboración de un libro como éste, que ayude a los aficionados al cine de nuestro país a que conozcan mejor los rostros que han hecho el milagro de provocar el «retorno social de los españoles a su cinematografía».

CAPÍTULO I

OPINIONES, HECHOS Y ENCUESTAS

A) En **mayo** de **1994,** Mónica Ledesma escribía en la revista **«Fantastic Magazine»** lo siguiente: «Si una cosa alumbra, sin discusión alguna, al cine español de los últimos años es la estimulante presencia de caras jóvenes. Son actores que no se achican ante la tan traída y llevada crisis de nuestra cinematografía. Ellos están vitalizando con su presencia productos de directores, en muchos casos jóvenes como ellos, y conforman la punta de lanza de esta (posible) revitalización del cine español.»

Las caras nuevas que relacionaba Mónica Ledesma en este artículo, ordenadas alfabéticamente, eran, en concreto, estas veintitrés:

1. Anabel Alonso	13. Santiago Lajusticia
2. Ana Álvarez	14. Coque Malla
3. Neus Asensi	15. Achero Mañas
4. Javier Bardem	16. Cristina Marcos
5. Ayanta Barilli	17. Elisa Matilla
6. Iciar Bollain	18. Mónica Molina
7. Álex Casanovas	19. Jordi Mollá
8. Penélope Cruz	20. Nancho Novo
9. Karra Elejalde	21. Pere Ponce
10. Ariadna Gil	22. Aitana Sánchez-Gijón
11. Carmelo Gómez	23. Emma Suárez
12. Fernando Guillén Cuervo	

B) La misma analista también escribió en **«Fantastic Magazine»,** en el mes de **abril** de **1995,** con el título **«Los últimos de la fila»,** un artículo, en el que relacionaba las, según su opinión, últimas estrellas del cine español en ese momento, al tiempo que señalaba: «Quieren aprovechar un momento especialmente favorable que les brinda el cine español. La renovación, quién sabe si la revolución, de nuestra industria, pasa por ellos. Quizás no estén todos los que son, pero sí son todos los que están.» La relación en cuestión era la siguiente:

1. Ayanta Barilli	10. Elvira Mínguez
2. Irene Bau	11. Pepón Nieto
3. Juan Diego Botto	12. Candela Peña
4. Carlos Fuentes	13. Mercé Pons
5. Ruth Gabriel	14. Miguel Poveda
6. Mapi Galán	15. Beatriz Rico
7. David Gil	16. Gustavo Salmerón
8. Mónica López	17. Nathalie Seseña
9. Marc Martínez	18. Tony Zenet

C) El domingo 5 de marzo de **1995,** la revista *El País Semanal* publicaba un trabajo de Koro Castellano y Jordi Costa, titulado **«El milagro del cine español. Los jóvenes talentos vencen la crisis»,** en el que se relacionaban un conjunto de directores, guionistas, actores y actrices, que, según estos articulistas, «conforman la nueva cosecha del cine español. Quieren comerse el mundo y son apasionados, originales y atrevidos. Ya forman toda una avalancha y están convencidos de que lo suyo es un milagro». Pues bien, los actores y actrices que se recogen en este trabajo son:

1. Ana Álvarez	12. Elvira Mínguez
2. Iciar Bollaín	13. Jordi Mollá
3. Juan Diego Botto	14. Pepón Nieto
4. Karra Elejalde	15. Nancho Novo
5. Carlos Fuentes	16. Candela Peña
6. Ruth Gabriel	17. Pere Ponce
7. Saturnino García	18. Gustavo Salmerón
8. Carmelo Gómez	19. Santiago Segura
9. Coque Malla	20. Silke
10. Achero Mañas	21. Emma Suárez
11. Cristina Marcos	

D) La revista *Fotogramas* viene recogiendo desde 1995, en su número perteneciente al verano de cada año (julio o agosto), los que esta publicación denomina **«actores y actrices más interesantes de la nueva generación».** En concreto, los nombres enunciados en estos cuatro años han sido los siguientes:

1995:

1. Javier Albalá	6. Najwa Nimri
2. Pedro Alonso	7. Rosana Pastor
3. Amara Carmona	8. Núria Prims
4. Armando Del Río	9. María Pujalte
5. Aitor Merino	10. Silke

1996:

1. Ernesto Alterio	8. Daniel Guzmán
2. Elena Anaya	9. Fele Martínez
3. Marta Belaustegui	10. Irene Montalá
4. Zoe Berriatúa	11. Liberto Rabal
5. Leire Berrocal	12. Ingrid Rubio
6. Carla Calparsoro	13. Alfredo Villa
7. Elena Fernández	

1997:

1. María Adánez
2. Eloy Azorín
3. Alicia Bogo
4. Roberto Correcher

5. Lucina Gil
6. Lucía Jiménez
7. Joel Joan
8. Javier Manrique
9. Eduardo Noriega

10. Mercedes Ortega
11. Beatriz Rico
12. Alberto San Juan
13. Beatriz Santiago
14. Eva Santolaria

1998:
1. Javier Cámara
2. Adriá Collado
3. Lola Dueñas
4. María Esteve
5. Sergi López

6. Laia Marull
7. Olalla Moreno
8. Tristán Ulloa
9. Eloy Yebra

E) La **revista Cinemanía,** en su número correspondiente al mes de **agosto de 1996,** publicó un trabajo de Cristina Bisbal y Marta Reyero titulado **¿Es éste el relevo en el cine español?,** en el que relacionaban una serie de actores y actrices, al tiempo que se justificaba la existencia de esta lista de la siguiente forma: «La cartelera está repleta de nombres nuevos de gente joven, casi adolescente. Algunos se han dejado la piel y los ahorros por el cine. Otros se han encontrado con el éxito en el metro. Pero todos forman parte del futuro de la cinematografía española. Un futuro que ya es presente.»

Los nombres enunciados en este artículo son:

1. Victoria Abril
2. Javier Albalá
3. Pedro Alonso
4. Ernesto Alterio
5. Elena Anaya
6. Juanjo Artero
7. Javier Bardem
8. Yaël Be
9. Zoe Berriatúa
10. Leire Berrocal
11. Juan Diego Botto
12. Emilio Buale
13. Amara Carmona
14. Alonso Caparrós
15. Roberto Correcher
16. Armando Del Río
17. Juan Díaz
18. Elena Fernández
19. Carlos Fuentes
20. Ruth Gabriel
21. Miguel Ángel García
22. Patricia García

23. Lucina Gil
24. Daniel Guzmán
25. Miguel Hermoso
26. Nieves Herranz
27. Javier Manrique
28. Fele Martínez
29. Aitor Merino
30. Pepón Nieto
31. Najwa Nimri
32. Eduardo Noriega
33. Candela Peña
34. Nuria Prims
35. María Pujalte
36. Liberto Rabal
37. Ingrid Rubio
38. Gustavo Salmerón
39. Ané Sánchez
40. Beatriz Santiago
41. Silke
42. Paloma Tabas
43. Alfredo Villa
44. Sergio Villanueva

F) **La Revista de El Mundo,** correspondiente al 20 de **julio de 1997,** publicó un artículo de Elena Pita, titulado **«La generación del relevo»,** en el que recogían las opiniones de varias personalidades ligadas a nuestra cinematografía, en relación a la indiscutible mejora del cine español. Además, como representativos de dicha «generación del relevo», aparecían entrevistados, junto a los directores Álex De la Iglesia y Daniel Calparsoro, las siguientes personas:

1. Leire Berrocal
2. Amara Carmona
3. Fele Martínez
4. Najwa Nimri

5. Liberto Rabal
6. Ingrid Rubio
7. Silke

G) El domingo 25 de **enero de 1998** *El País Semanal* publicó un trabajo titulado **«El nuevo cine español de la A a la Z»** en el que, en el apartado correspondiente a **«Jóvenes actores»,** aparecieron los nombres de:

1. Silvia Abascal
2. María Adánez
3. Ernesto Alterio
4. Elena Anaya
5. Juan Diego Botto
6. Karra Elejalde
7. María Esteve

8. Daniel Guzmán
9. Fele Martínez
10. Nuria Prims
11. María Pujalte
12. Fernando Ramallo
13. Gustavo Salmerón

Además, en el apartado denominado **«mujeres»,** se enunciaban a las siguientes actrices:

1. Penélope Cruz
2. Ariadna Gil
3. Najwa Nimri
4. Ingrid Rubio
5. Aitana Sánchez Gijón
6. Silke

Por otra parte, en la portada de la revista aparecieron **Jordi Mollá** y **Candela Peña,** y el actor-realizador **Santiago Segura** era entrevistado en el apartado concerniente a la letra S al igual que **Javier Bardem** lo era en la letra B e **Iciar Bollaín** en la I.

H) En la revista *Época* correspondiente al 23 de **febrero de 1998** se publicó un reportaje de María Corisco, titulado **«El despertar del cine español,** en el que se manifestaba lo siguiente: «Un soplo de alegría y aire fresco recorre el cine español. La caspa y el tufillo rancio-progre de antaño han dejado paso a una nueva forma de hacer películas, de contar historias que van más allá de la guerra civil, de la comedia urbana, del discurso político y la movida madrileña. Y el público ha reaccionado con entusiasmo, acudiendo sin complejos a ver un cine moderno, inquieto e inteligente; un cine lleno de propuestas diferentes en el que ya, por fin, no se reconoce la "españolada".»

Además, en este mismo trabajo se decía textualmente: «Y si importante ha sido la renovación de los directores, también lo ha sido la de los actores y actrices. ¿Recuerdan aquellos años en los que todos los protagonistas jóvenes estaban interpretados por **Maribel Verdú, Victoria Abril** y **Jorge Sanz?** Hoy el panorama ha cambiado totalmente. Los tres continúan trabajando –la **Verdú,** por cierto, está espléndida en *La buena estrella*–, pero han aparecido muchísimos nuevos valores. A las ya clásicas **Penélope Cruz, Aitana Sánchez-Gijón** y **Emma Suárez** se han unido en los dos últimos años **Nathalie Seseña, Cayetana Guillén Cuervo, Ingrid Rubio, Candela Peña, Blanca Portillo, María Pujalte, Paulina Gálvez** y, muy recientemente, **María Esteve,** quien promete ser una de las revelaciones del cine español. Al igual que **Isabel Ordaz,** que ha recibido el *goya* a la actriz revelación por su papel en *Chevrolet*.»

«Entre los chicos, el relevo también ha sido impresionante. Están los sólidos, como **Javier Bardem, Carmelo Gómez, Juanjo Puigcorbé** o **Gabino Diego.** Y mientras que hasta hace muy poco tiempo, nombres como los de **Jordi Mollá, Nancho Novo, Eduardo Noriega, Juan Diego Botto, Liberto Rabal, Javier Manrique, Achero Mañas, Carlos Rubio** o **Fele Martínez** no eran conocidos por el gran público, ahora ocupan portadas.»

«Pero el *boom* del cine español, al mismo tiempo, ha permitido que grandes actores puedan demostrar su verdadero talento. Así, **Antonio Resines** ha dado medida de lo que es capaz de hacer en *La buena estrella*, lejos de aquellos personajes iguales a sí mismo con los que perpetuó en los 80, **Charo López, Cecilia Roth** y **José Sancho** son también maduritos y, al igual que **Resines,** se han llevado a casa el *goya.* Y se ha producido el *rescate* de figuras como **Marisa Paredes** o **Amparo Muñoz.**»

«Por otra parte, lo que también se observa es la inquietud de los más jóvenes. No se quieren

quedar *sólo* en actores: pretenden tocar todos los registros, desde la escritura hasta la dirección. Así, entre los proyectos que ya están en marcha, tenemos al actor **Achero Mañas,** que ha terminado *El bola,* su debut en la dirección de un largometraje. **Javier Manrique** (el rasta de *Atómica*) ha escrito *Cambalache,* su primer guión, y pretende dirigirlo. A **Fernando Guillén Cuervo** también le tienta la escritura, y está terminando el guión de *Korea.* E **Icíar Bollaín** sigue compaginando la interpretación con los guiones y la dirección. Ahora acaba de terminar la escritura de *Flores de otro mundo,* un guión escrito a medias con **Julio Llamazares** y que se convertirá en su segunda película como directora.»

I) En **mayo** de **1998** la **revista** *Cinerama* publicó un artículo de Alfonso Asúa que con el título **«Generación Y. Los cachorros del cine español»,** señala textualmente: «Las series de televisión de más éxito de estos últimos años fueron la carta de presentación de la última generación de actores del cine español, preparados, con talento, y dispuestos a triunfar. Forman una supuesta "generación Y" de nuestro cine, sobre todo ahora que los componentes de la anterior hornada **(Candela Peña, Javier Bardem, Ruth Gabriel, Jordi Mollá, Ana Álvarez** y **Penélope Cruz)** ya están más consagrados. En este reportaje analizamos la carrera profesional de este:

1. Silvia Abascal	8. Dafne Fernández
2. María Adánez	9. Daniel Guzmán
3. Eloy Azorín	10. Lucía Jiménez
4. Timy Benito	11. Pepón Nieto
5. Ángel Burgos	12. María Pujalte
6. Adriá Collado	13. Fernando Ramallo
7. María Esteve	

Ahora bien, no queremos dejar de nombrar aquí a los "hermanos mayores" del grupo, aquellos que ya tienen a sus espaldas un buen número de películas de éxito. Ellos son **Liberto Rabal, Gustavo Salmerón, Javier Albalá, Eduardo Noriega, Juan Diego Botto, Ernesto Alterio, Pedro Alonso** (*Alma Gitana*), **Elena Anaya** (*África, Familia,* y la próxima de Ricardo Franco, *Lágrimas negras*), **Ingrid Rubio** (*Taxi, Más que amor, frenesí, El faro*), **Nuria Prims** (*Historias del Kronen, Suerte, Saíd,* que interpreta a Carmen Sevilla en *Los años bárbaros*), **Carlos Fuentes** (*Antártida, Taxi,* y *No se lo* *digas a nadie* de Francisco Lombardi), **Najwa Nimri** (*Abre los ojos* y en *Los amantes del círculo polar,* de Julio Medem), **Fele Martínez** (*Tesis, Abre los ojos,* también en el filme de Medem), **Silke** *(Tierra),* **Leire Berrocal** *(Éxtasis, Cuestión de suerte),* etc.»

J) Con el patrocinio del programa MEDIA y la Academia de Cine Europeo, en el **Festival de Berlín de 1998** se presentaron las **jóvenes estrellas más destacadas del cine europeo,** a las que el director del Festival, Moritz de Hadeln, les hizo entrega de un **Oso de Oro en miniatura,** emplazándolos a volver y recoger el verdadero en una próxima edición. Pues bien, **Ingrid Rubio** y **Juan Diego Botto** fueron los representantes españoles en este acto.

K) En **junio de 1997** la **consultora GECA** realizó una macroencuesta para determinar los hombres y las mujeres de nuestro país más atractivos. El ránking masculino lo encabezó **Antonio Banderas,** seguido de **Imanol Arias, Carlos Larrañaga** y **José Coronado,** mientras que el femenino lo lideró **Yvonne Reyes,** seguida de **Aitana Sánchez-Gijón, Lydia Bosch, Marlene Mourreau** y **Penélope Cruz.**

L) En **julio de 1997** la revista *Fotogramas* publicó una encuesta realizada entre sus lectores acerca de sus directores, **actores y actrices preferidos.** Se recibieron más de 3.000 respuestas a esta consulta, que arrojó, en lo que respecta a las estrellas cinematográficas españolas, el siguiente resultado:

ACTORES:

1. Carmelo Gómez
2. Javier Bardem
3. Imanol Arias
4. Juanjo Puigcorbé
5. Antonio Banderas
6. Paco Rabal
7. Alfredo Landa
8. Fernando Fernán-Gómez
9. Gabino Diego
10. Jorge Sanz
11. Antonio Resines
12. Jordi Mollá
13. Juan Echánove
14. Santiago Segura
15. José Sacristán
16. Karra Elejalde
17. Andrés Pajares
18. Álex Angulo
19. Juan Diego Botto
20. Liberto Rabal

ACTRICES:

1. Aitana Sánchez-Gijón
2. Emma Suárez
3. Victoria Abril
4. Carmen Maura
5. Ariadna Gil
6. Penélope Cruz
7. Verónica Forqué
8. Marisa Paredes
9. Ana Belén
10. Candela Peña
11. Silvia Munt
12. Anabel Alonso
13. Maribel Verdú
14. Charo López
15. Ana Torrent
16. Rosa María Sardá
17. Ingrid Rubio
18. María Barranco
19. Terele Pávez
20. Silke

CAPÍTULO II

LOS GALARDONES CINEMATOGRÁFICOS

1. LOS PREMIOS GOYA

Los PREMIOS GOYA de la Academia de Artes y Ciencias Cinematográficas son los galardones artísticos de mayor relevancia en nuestro país. Equivalentes a los Oscar de Hollywood, se otorgan anualmente según votación de sus miembros. Estos premios han cumplido su 12.ª edición y con ellos se reconoce la labor creativa de nuestros cineastas. Año tras año, a las categorías corrientes se le han ido añadiendo otras nuevas como la de MEJOR DIRECTOR NOVEL, MEJOR CORTOMETRAJE, MEJOR PELÍCULA EUROPEA o MEJOR ACTOR Y ACTRIZ REVELACIÓN.

Es precisamente en el apartado de la interpretación donde se refleja una equilibrada combinación entre tres generaciones de actores. A los de siempre, que siguen en la brecha, y a los jóvenes pero ya profesionales, se une en los últimos años una importante lista de «actores revelación» con un prometedor futuro.

Así, JAVIER BARDEM cuenta con 2 Goyas y 3 nominaciones. GABINO DIEGO ha sido galardonado en una ocasión con este premio, optando por él en 3 ocasiones más. Y MARÍA BARRANCO tiene dos nominaciones y 1 Goya, al igual que JUAN ECHANOVE. Otros, como CRISTINA MARCOS, EMMA SUÁREZ, CARMELO GÓMEZ o ARIADNA GIL han visto premiado su trabajo en una sola ocasión. Olvidados, aunque sí nominados, PENÉLOPE CRUZ, JORDI MOLLÁ, MARIBEL VERDÚ y ANTONIO BANDERAS. Observamos también que se mantienen nombres como VICTORIA ABRIL, con 1 Goya y 2 nominaciones; IMANOL ARIAS, con 2 nominaciones a su labor interpretativa; y CHUS LAMPREAVE, CARMEN MAURA, SILVIA MUNT y ALFREDO LANDA, con 1 Goya y una nominación. A destacar, una serie de nombres nuevos como RUTH GABRIEL, que es premiada y nominada por el mismo papel en distintas categorías, e INGRID RUBIO, también galardonada en su debut cinematográfico. Otros, como SILKE, CANDELA PEÑA, LIBERTO RABAL o JUAN DIEGO BOTTO ven reconocida su labor con sendas nominaciones, un paso importante para la consecución del PREMIO GOYA.

1990

– Mejor actor: ANDRÉS PAJARES, por «¡Ay, Carmela!» .
– Mejor actriz: CARMEN MAURA, por «¡Ay, Carmela!».
– Mejor actor de reparto: GABINO DIEGO, por «¡Ay, Carmela!».
– Mejor actriz de reparto: MARÍA BARRANCO, por «Las edades de Lulú».

NOMINADOS:
– Mejor actor: ANTONIO BANDERAS, por «¡Átame!»; e IMANOL ARIAS, por «A solas contigo» .
– Mejor actriz: CHARO LÓPEZ, por «Lo más natural»; y VICTORIA ABRIL, por «¡Átame!».
– Mejor actor de reparto: PACO RABAL, por «¡Átame!»; y JUAN ECHANOVE, por «A solas contigo».
– Mejor actriz de reparto: LOLES LEÓN, por «¡Átame!»; y ROSARIO FLORES, por «Contra el viento».

1991

– Mejor actor: FERNANDO GUILLÉN, por «Don Juan en los infiernos».
– Mejor actriz: SILVIA MUNT, por «Alas de mariposa».
– Mejor actor de reparto: JUAN DIEGO, por «El rey pasmado».
– Mejor actriz de reparto: KITI MANVER, por «Todo por la pasta».

NOMINADOS:
– Mejor actor: GABINO DIEGO, por «El rey pasmado»; y JORGE SANZ, por «Amantes».
– Mejor actriz: VICTORIA ABRIL, por «Amantes»; y MARIBEL VERDÚ, por «Amantes».
– Mejor actor de reparto: JOSÉ LUIS GÓMEZ, por «Beltenebros»; y JAVIER GURRUCHAGA, por «El rey pasmado».
– Mejor actriz de reparto: MARÍA BARRANCO, por «El rey pasmado»; y CRISTINA MARCOS, por «Tacones lejanos».

1992

– Mejor actor: ALFREDO LANDA, por «La Marrana».
– Mejor actriz: ARIADNA GIL, por «Belle Epoque».
– Mejor actor de reparto: FERNANDO FERNÁN-GÓMEZ, por «Belle Epoque».
– Mejor actriz de reparto: CHUS LAMPREAVE, por «Belle Epoque».

NOMINADOS:
– Mejor actor: JORGE SANZ, por «Belle Epoque»; y JAVIER BARDEM, por «Jamón, jamón».
– Mejor actriz: ASSUMPTA SERNA, por «El maestro de esgrima»; y PENÉLOPE CRUZ, por «Jamón, jamón».
– Mejor actor de reparto: GABINO DIEGO, por «Belle Epoque»; y ENRIQUE SAN FRANCISCO, por «Orquesta Club Virginia».
– Mejor actriz de reparto: MARY CARMEN MARTÍNEZ, por «Belle Epoque»; y PASTORA VEGA, por «Demasiado corazón».

1993

– Mejor actor: JUAN ECHANOVE, por «MadreGilda».
– Mejor actriz: VERÓNICA FORQUÉ, por «Kika».
– Mejor actor de reparto: FERNANDO VALVERDE, por «Sombras en una batalla».
– Mejor actriz de reparto: ROSA M.ª SARDÁ, por «¿Por qué lo llaman amor cuando quieren decir sexo?».

NOMINADOS:
– Mejor actor: IMANOL ARIAS, por «Intruso»; y JAVIER BARDEM, por «Huevos de oro».
– Mejor actriz: CARMEN MAURA, por «Sombras en una batalla»; y EMMA SUÁREZ, por «La ardilla roja».
– Mejor actor de reparto: JAVIER GURRUCHAGA, por «Tirano Banderas»; y JUAN ECHANOVE, por «Mi hermano del alma».
– Mejor actriz de reparto: MARÍA BARRANCO, por «La ardilla roja»; y ROSSY DE PALMA, por «Kika».

1994

– Mejor actor: CARMELO GÓMEZ, por «Días contados».
– Mejor actriz: CRISTINA MARCOS, por «Todos los hombres sois iguales».
– Mejor actor de reparto: JAVIER BARDEM, por «Días contados».
– Mejor actriz de reparto: MARÍA LUISA PONTE, por «Canción de cuna».
– Mejor actor revelación: SATURNINO GARCÍA, por «Justino, un asesino de la tercera edad».
– Mejor actriz revelación: RUTH GABRIEL, por «Días contados».

NOMINADOS:
– Mejor actor: ALFREDO LANDA, por «Canción de cuna»; y GABINO DIEGO, por «Los peores años de nuestra vida».
– Mejor actriz: RUTH GABRIEL, por «Días contados»; y ANA BELÉN, por «La pasión turca».
– Mejor actor de reparto: AGUSTÍN GONZÁLEZ, por «Los peores años de nuestra vida»; y ÓSCAR LADOIRE, por «Alegre ma non troppo».
– Mejor actriz de reparto: CANDELA PEÑA, por «Días contados»; y SILVIA MUNT, por «La pasión turca».
– Mejor actor revelación: PEPÓN NIETO, por «Días contados»; y COQUE MALLA, por «Todo es mentira».
– Mejor actriz revelación: CANDELA PEÑA, por «Días contados»; y ELVIRA MÍNGUEZ, por «Días contados».

1995

– Mejor actor: JAVIER BARDEM, por «Boca a boca».
– Mejor actriz: VICTORIA ABRIL, por «Nadie hablará de nosotras cuando hayamos muerto».
– Mejor actor de reparto: LUIS CIGES, por «Así en el cielo como en la tierra».
– Mejor actriz de reparto: PILAR BARDEM, por «Nadie hablará de nosotras cuando hayamos muerto».
– Mejor actor revelación: SANTIAGO SEGURA, por «El día de la bestia».
– Mejor actriz revelación: ROSANA PASTOR, por «Tierra y libertad».

NOMINADOS:

– Mejor actor: FEDERICO LUPPI, por «Nadie hablará de nosotras cuando hayamos muerto»; y ÁLEX ANGULO, por «El día de la bestia».

– Mejor actriz: ARIADNA GIL, por «Antártida»; y MARISA PAREDES, por «La flor de mi secreto».

– Mejor actor de reparto: FERNANDO GUILLÉN CUERVO, por «Boca a boca»; y FEDERICO LUPPI, por «La ley de la frontera».

– Mejor actriz de reparto: CHUS LAMPREAVE, por «La flor de mi secreto»; y ROSSY DE PALMA, por «La flor de mi secreto».

– Mejor actor revelación: CARLOS FUENTES CUERVO, por «Antártida» y JUAN DIEGO BOTTO, por «Historias dél Kronen».

– Mejor actriz revelación: AMARA CARMONA, por «Alma gitana»; y MARÍA PUJALTE, por «Entre rojas».

1996

– Mejor actor: SANTIAGO RAMOS, por «Como un relámpago».

– Mejor actriz: EMMA SUÁREZ, por «El perro del hortelano».

– Mejor actor de reparto: LUIS CUENCA, por «La buena vida».

– Mejor actriz de reparto: MARY CARRILLO, por «Más allá del jardín».

– Mejor actor revelación: FELE MARTÍNEZ por «Tesis».

– Mejor actriz revelación: INGRID RUBIO, por «Más allá del jardín».

NOMINADOS:

– Mejor actor: CARMELO GÓMEZ, por «El perro del hortelano»; y ANTONIO BANDERAS, por «Two much».

– Mejor actriz: ANA TORRENT, por «Tesis»; y CONCHA VELASCO, por «Más allá del jardín».

– Mejor actor de reparto: JORDI MOLLÁ por «La Celestina»; y NANCHO NOVO, por «La Celestina».

– Mejor actriz de reparto: MARIBEL VERDÚ, por «La Celestina»; y LOLES LEÓN, por «Libertarias».

– Mejor actor revelación: LIBERTO RABAL, por «Tranvía a la Malvarrosa»; y EMILIO BUALE, por «Bwana».

– Mejor actriz revelación: SILKE KLEIN, por «Tierra»; y LUCÍA JIMÉNEZ, por «La buena vida».

1997

– Mejor actor: ANTONIO RESINES, por «La buena estrella».

– Mejor actriz: CECILIA ROTH, por «Martín (Hache)».

– Mejor actor de reparto: JOSÉ SANCHO, por «Carne trémula».

– Mejor actriz de reparto: CHARO LÓPEZ, por «Secretos del corazón».

– Mejor actor revelación: ANDONI ERBURU, por «Secretos del corazón».

– Mejor actriz revelación: ISABEL ORDAZ, por «Chevrolet».

NOMINADOS:

– Mejor actor: JORDI MOLLÁ, por «La buena estrella»; y JAVIER BARDEM, por «Carne trémula».

– Mejor actriz: JULIA GUTIÉRREZ CABA por «El color de las nubes»; y MARIBEL VERDÚ, por «La buena estrellá».

– Mejor actor de reparto: ANTONIO VALERO, por «El color de las nubes»; y JUAN JESÚS VALVERDE, por «Las ratas».

– Mejor actriz de reparto: ÁNGELA MOLINA, por «Carne trémula»; y VICKY PEÑA, por «Secretos del corazón».

– Mejor actor revelación: FERNANDO RAMALLO, por «Carreteras secundarias»; y MANUEL MANQUIÑA, por «Airbag».

– Mejor actriz revelación: BLANCA PORTILLO, por «El color de las nubes»; y PAULINA GÁLVEZ, por «Retrato de mujer con hombre al fondo».

2. LOS FOTOGRAMAS DE PLATA

Después de los PREMIOS GOYA, seguramente sean los FOTOGRAMAS DE PLATA los galardones cinematográficos más prestigiosos que se entregan en el panorama artístico español. Los votantes son los propios lectores de la revista «FOTOGRAMAS», la más veterana del sector en nuestro país. Los premios han cumplido su 49.ª edición y tradicionalmente se otorgan, año tras año, a los actores y actrices más relevantes en las áreas de cine, teatro y televisión, sin detenerse en los aspectos técnicos de la industria audiovisual.

En sus últimas ediciones observamos que algunos actores y actrices acaparan premios y nominaciones en diversas categorías, lo cual tiene una lectura positiva y negativa: nuestros actores son muy polifacéticos, pero parece ser que siguen trabajando sólo unos pocos (aunque últimamente esto está cambiando, esperemos que de forma definitiva). Así, en la década que nos ocupa, CARMELO GÓMEZ tiene dos estatuillas de cine y una de televisión. ANTONIO BANDERAS ganó relativamente pronto su FOTOGRAMAS de cine, pero luego tuvo que escuchar hasta tres veces su nombre en la lista de nominados sin salir a recoger el galardón. Su posible sucesor, JAVIER BARDEM, ha sido nominado nada menos que seis veces como mejor actor de cine, ganando en tres ocasiones. AITANA SÁNCHEZ-GIJÓN es una de las actrices más premiadas en las tres categorías, con dos estatuillas de televisión y teatro y dos nominaciones en cine. Otra de las fijas es EMMA SUÁREZ, con un premio cinematográfico y dos nominaciones. Pero MARIBEL VERDÚ, por ejemplo, sólo ha visto premiada su labor en televisión, siendo ésta de evidente menor calidad que sus trabajos en cine. VICTORIA ABRIL ha sido nominada cuatro veces en los últimos años, sin recibir ninguna estatuilla, aunque sí lo hizo en la década de los ochenta. Otros ilustres olvidados han sido MARÍA BARRANCO, PENÉLOPE CRUZ, GABINO DIEGO o CARLOS LARRAÑAGA, que no se han llevado en este periodo ningún FOTOGRAMAS DE PLATA a sus vitrinas.

1990

– Mejor actriz de cine: CARMEN MAURA, por «¡Ay, Carmela!».
– Mejor actor de cine: ANTONIO BANDERAS, por «¡Átame!», «La blanca paloma» y «Contra el viento».
– Mejor actriz de televisión: VERÓNICA FORQUÉ, por «Eva y Adán, agencia matrimonial».
– Mejor actor de televisión: ANTONIO RESINES, por «Eva y Adán, agencia matrimonial».
– Mejor intérprete teatral: IMANOL ARIAS, por «Calígula».

FINALISTAS:
– Mejor actriz de cine: VICTORIA ABRIL, por «A solas contigo» y «¡Átame!»; MARÍA BARRANCO, por «Don Juan, mi querido fantasma» y «Las edades de Lulú», y EMMA SUÁREZ, por «A solas contigo», «La blanca paloma», «Contra el viento» y «La luna negra».
– Mejor actor de cine: GABINO DIEGO, por «¡Ay, Carmela!»; SERGI MATEU, por «Boom-Boom» y «La telaraña», y ANDRÉS PAJARES, por «¡Ay, Carmela!».
– Mejor actriz de televisión: CHUS LAMPREAVE, por «Eva y Adán, agencia matrimonial»; CARMEN MAURA, por «La mujer de tu vida», y MARIBEL VERDÚ, por «Pájaro en una tormenta».
– Mejor actor de televisión: ANTONIO BANDERAS, por «La mujer de tu vida»; JUAN ECHANOVE, por «La mujer de tu vida», y ANTONIO VALERO, por «La forja de un rebelde».
– Mejor intérprete teatral: RAFAELA APARICIO, por «Mala yerba»; NURIA ESPERT, por «Maquillaje», y JULIETA SERRANO, por «Quatre dones i el sol».

1991

– Mejor actriz de cine: MARISA PAREDES, por «Tacones lejanos».
– Mejor actor de cine: FERNANDO GUILLÉN, por «Don Juan en los infiernos», «El invierno en Lisboa», «Martes de Carnaval» y «¿Qué te juegas, Mari Pili?».

– Mejor actriz de televisión: CARMEN CONESA, por «Las chicas de hoy en día».

– Mejor actor de televisión: JUAN ECHANOVE, por «Las chicas de hoy en día».

– Mejor intérprete teatral: EL TRICICLE, por «Terrific!».

FINALISTAS:

– Mejor actriz de cine: VICTORIA ABRIL, por «Amantes», «Sandino» y «Tacones lejanos»; SILVIA MUNT, por «Alas de mariposa», y MARIBEL VERDÚ, por «Amantes» y «El sueño de Tánger».

– Mejor actor de cine: GABINO DIEGO por «La viuda del capitán Estrada», «Fuera de juego», «La noche más larga» y «El rey pasmado»; JUAN DIEGO, por «Martes de Carnaval», «La noche más larga» y «El rey pasmado», y JORGE SANZ por «Amantes».

– Mejor actriz de televisión: DIANA PEÑALVER, por «Las chicas de hoy en día»; MERCEDES SAMPIETRO, por «Bienvenida y adiós» y «Una hija más», y AITANA SÁNCHEZ-GIJÓN, por «La huella del crimen».

– Mejor actor de televisión: MANUEL BANDERA, por «Réquiem por Granada»; ACHERO MAÑAS, por «Bienvenida y adiós» y «Una hija más», y JUANJO PUIGCORBÉ, por «La huella del crimen».

– Mejor intérprete teatral: ÁNGELS GONYALONS, por «Memory»; AMPARO LARRAÑAGA, por «La pasión de amar» y «Una pareja singular», y JOSÉ LUIS PELLICENA, por «Entre las ramas de la arboleda perdida» y «Comedias bárbaras».

1992

– Mejor actriz de cine: ARIADNA GIL, por «Amo tu cama rica» y «Belle Epoque».

– Mejor actor de cine: JORGE SANZ por «Orquesta Club Virginia» y «Belle Epoque».

– Mejor actriz de televisión: CONCHA CUETOS, por «Farmacia de guardia».

– Mejor actor de televisión: FERNANDO REY, por «El Quijote».

– Mejor intérprete teatral: CONCHA VELASCO, por «La truhana».

FINALISTAS:

– Mejor actriz de cine: PENÉLOPE CRUZ, por «Jamón, jamón» y «Belle Epoque»; CARMEN MAURA, por «Entre el cielo y la tierra» y «La reina anónima», y MARIBEL VERDÚ, por «Belle Epoque».

– Mejor actor de cine: ANTONIO BANDERAS, por «Una mujer bajo la lluvia» y «Los reyes del mambo»; JAVIER BARDEM, por «Jamón, jamón», y JUANJO PUIGCORBE, por «Un paraguas para tres», «Salsa rosa» y «La reina anónima».

– Mejor actriz de televisión: LLOLL BERTRÁN, por «El joc del segle»; ARIADNA GIL, por «Betes i films» y «Crónicas del mal», y MARÍA LUISA PONTE, por «Farmacia de guardia».

– Mejor actor de televisión: IMANOL ARIAS, por «Brigada Central 2»; ALFREDO LANDA, por «El Quijote», y CARLOS LARRAÑAGA, por «Farmacia de guardia».

– Mejor intérprete teatral: ANA BELÉN, por «El mercader de Venecia»; ÁNGELS GONYALONS, por «Nou Memory», y ESPERANZA ROY, por «Yo amo a Shirley Valentine».

1993

– Mejor actriz de cine: VERÓNICA FORQUÉ, por «Kika» y «¿Por qué lo llaman amor cuando quieren decir sexo?».

– Mejor actor de cine: JAVIER BARDEM, por «Huevos de oro».

– Mejor actriz de televisión: ANABEL ALONSO, por «Los ladrones van a la oficina».

– Mejor actor de televisión: PACO RABAL, por «Una gloria nacional» y «Truhanes».

– Mejor intérprete teatral: JUAN ECHANOVE, por «El cerdo».

FINALISTAS:

– Mejor actriz de cine: VICTORIA ABRIL por «Intruso», y EMMA SUÁREZ, por «La ardilla roja».

– Mejor actor de cine: ANTONIO BANDERAS, por «¡Dispara!», y JUAN ECHANOVE, por «MadreGilda».

– Mejor actriz de televisión: BEATRIZ CARVAJAL, por «Lleno, por favor», y ASSUMPTA SERNA, por «Para Elisa».

– Mejor actor de televisión: FERNANDO FERNÁN-GÓMEZ, por «Los ladrones van a la oficina», y ALFREDO LANDA, por «Lleno, por favor».

– Mejor intérprete teatral: ELS JOGLARS, por «El Nacional», y ANA MARZOA, por «Un tranvía llamado deseo».

1994

- Mejor actriz de cine: ANA BELÉN, por «La pasión turca».
- Mejor actor de cine: CARMELO GÓMEZ, por «Días contados», «El detective y la muerte» y «Canción de cuna».
- Mejor actriz de televisión: MARIBEL VERDÚ, por «Canguros».
- Mejor actor de televisión: JUANJO PUIG-CORBÉ, por «Villarriba y Villabajo».
- Mejor intérprete teatral: NATALIA DICENTA, por «La zapatera prodigiosa».

FINALISTAS:

- Mejor actriz de cine: PENÉLOPE CRUZ, por «Alegre ma non troppo» y «Todo es mentira», y RUTH GABRIEL, por «Días contados».
- Mejor actor de cine: JAVIER BARDEM, por «El detective y la muerte» y «Días contados», y GABINO DIEGO, por «Los peores años de nuestra vida».
- Mejor actriz de televisión: ANA DUATO, por «Villarriba y Villabajo», y LINA MORGAN, por «Compuesta y sin novio».
- Mejor actor de televisión: JUAN ECHANOVE, por «Hermanos de leche», y FERNANDO FERNÁN-GÓMEZ, por «A su servicio» y «La mujer de tu vida».
- Mejor intérprete teatral: CHARO LÓPEZ, por «Carcajada salvaje», y LA CUBANA, por «Cegada de amor».

1995

- Mejor actriz de cine: MARISA PAREDES, por «La flor de mi secreto».
- Mejor actor de cine: JAVIER BARDEM, por «Boca a boca».
- Mejor actriz de televisión: AITANA SÁNCHEZ-GIJÓN, por «La Regenta».
- Mejor actor de televisión: CARMELO GÓMEZ, por «La Regenta».
- Mejor intérprete teatral: ANA BELÉN, por «La bella Helena».

FINALISTAS:

- Mejor actriz de cine: VICTORIA ABRIL, por «Nadie hablará de nosotras cuando hayamos muerto», y AITANA SÀNCHEZ-GIJÓN, por «Boca a boca».

- Mejor actor de cine: ÁLEX ANGULO, por «El día de la bestia», y ANTONIO BANDERAS, por «Two much».
- Mejor actriz de televisión: LYDIA BOSCH, por «Médico de familia», y VERÓNICA FORQUÉ, por «Pepa y Pepe».
- Mejor actor de televisión: EMILIO ARAGÓN, por «Médico de familia», y FERNANDO VALVERDE, por «Pepa y Pepe».
- Mejor intérprete teatral: MAGÜI MIRA, por «Tres mujeres altas», y CONSTANTINO ROMERO, por «Sweeney Todd».

1996

- Mejor actriz de cine: EMMA SUÁREZ, por «Tierra», «Tu nombre envenena mis sueños» y «El perro del hortelano».
- Mejor actor de cine: CARMELO GÓMEZ, por «Tierra», «Tu nombre envenena mis sueños» y «El perro del hortelano».
- Mejor actriz de televisión: ANA DUATO, por «Médico de familia».
- Mejor actor de televisión: JUAN LUIS GALIARDO, por «Turno de oficio 2».
- Mejor actriz de teatro: AITANA SÁNCHEZ-GIJÓN, por «La gata sobre el tejado de zinc caliente».
- Mejor actor de teatro: TRICICLE, por «Entretrés».

FINALISTAS:

- Mejor actriz de cine: TERELE PÁVEZ, por «La Celestina», y CONCHA VELASCO, por «Más allá del jardín».
- Mejor actor de cine: JAVIER BARDEM, por «Éxtasis»; y GUSTAVO SALMERÓN, por «Fotos», «Más que amor, frenesí» y «El dominio de los sentidos».
- Mejor actriz de televisión: CARMEN ELÍAS, por «Turno de oficio 2», y EMMA VILARASAU, por «Nissaga de poder».
- Mejor actor de televisión: EMILIO ARAGÓN, por «Médico de familia», y JORDI DAUDER, por «Nissaga de poder».
- Mejor actriz de teatro: AMPARO BARÓ, por «Destino Broadway»; y ANA MARZOA, por «Un marido ideal».
- Mejor actor de teatro: JOSÉP MARÍA POU, por «Angels a America», y TONI CANTO, por «La gata sobre el tejado de zinc caliente».

1997

– Mejor actriz de cine: ÁNGELA MOLINA, por «Carne trémula» y «Edipo alcalde».

– Mejor actor de cine: JAVIER BARDEM por «Perdita Durango» y «Carne trémula».

– Mejor actriz de televisión: LYDIA BOSCH, por «Médico de familia».

– Mejor actor de televisión: IMANOL ARIAS, por «Querido maestro».

– Mejor actriz de teatro: CHARO LÓPEZ, por «Tengamos el sexo en paz».

– Mejor actor de teatro: JOSÉ SACRISTÁN por «El hombre de la Mancha».

FINALISTAS:

– Mejor actriz de cine: AITANA SÁNCHEZ-GIJÓN, por «La camarera del Titanic», y MARIBEL VERDÚ, por «La buena estrella» y «Carreteras secundarias».

– Mejor actor de cine: JORDI MOLLÁ, por «La buena estrella», «Romance peligroso» y «Perdona bonita, pero Lucas me quería a mí», y ANTONIO RESINES, por «La buena estrella», «El tiempo de la felicidad» y «Carreteras secundarias».

– Mejor actriz de televisión: LINA MORGAN, por «Hostal Royal Manzanares», y EMMA SUÁREZ, por «Querido maestro».

– Mejor actor de televisión: EMILIO ARAGÓN, por «Médico de familia»; y FERNANDO VALVERDE, por «Todos los hombres sois iguales».

– Mejor actriz de teatro: ANABEL ALONSO, por «Frankie y Johnny en el Clair de Lune», y AMPARO LARRAÑAGA, por «Decíamos ayer».

– Mejor actor de teatro: KARRA ELEJALDE, por «La kabra tira al monte», y JOEL JOAN, por «Sóc lletja».

3. PREMIOS DE LA UNIÓN DE ACTORES

La UNIÓN DE ACTORES, una asociación bajo la cual decidieron agruparse la mayoría de los actores de cine, teatro y televisión en España, otorga desde 1991 sus propios premios en estas tres mismas modalidades, diferenciadas en protagonistas y secundarios.

Tradicionalmente, la ceremonia de entrega de estos premios viene celebrándose en el Teatro Albéniz de Madrid y los galardones se reparten entre las tres áreas en las que se mueven los actores. Además, la Unión de Actores otorga también un premio honorífico para toda una carrera artística, así como una distinción para la figura que haya sido la revelación del año en alguna de las modalidades mencionadas.

La relación de estas distinciones desde su implantación, ha sido la siguiente:

1991

– Mejor interpretación protagonista de cine:
MARISA PAREDES por «Tacones lejanos».
– Mejor interpretación secundaria de cine:
FERNANDO VALVERDE por «Alas de mariposa».
– Mejor interpretación protagonista de teatro:
CARLOS HIPÓLITO por «La verdad sospechosa».
– Mejor interpretación secundaria de teatro:
FERNANDO SANSEGUNDO por «Comedias bárbaras».
– Mejor interpretación protagonista de TV:
DIANA PEÑALVER por «Chicas de hoy en día».
– Mejor interpretación secundaria de TV:
JUAN ECHANOVE por «Chicas de hoy en día».
– Premio Revelación:
CARMEN CONESA por «Chicas de hoy en día».
– Premio «Jose M.ª Rodero» a toda una vida:
AURORA REDONDO.
– Premio especial «Unión de Actores»:
JOSEFINA GARCÍA ARAE.

1992

– Mejor interpretación protagonista de cine:
CARMELO GÓMEZ por «Vacas».
Los nominados fueron:
Antonio Banderas por «Los Reyes del Mambo».
Alfredo Landa por «La Marrana».
– Mejor interpretación secundaria de cine:
PENÉLOPE CRUZ por «Belle Epoque».
Los nominados fueron:
Gabino Diego por «Belle Epoque».
Quique S. Francisco por «Orquesta Club...».
– Mejor interpretación protagonista de teatro:
JUAN DIEGO por «No hay camino al paraíso».
Los nominados fueron:
Héctor Alterio por «Los Gatos».
J. Pedro Carrión por «El mercader de...».
– Mejor interpretación secundaria de teatro:
GLORIA MUÑOZ por «Entre Tinieblas».
Los nominados fueron:
Jaime Blanch por «Perdidos en Yonkers».
Francisco Maestre por «Don Juan Último».
– Mejor interpretación protagonista de TV:
FERNANDO REY por «El Quijote».
Los nominados fueron:
Imanol Arias por «Brigada Central».
Concha Cuetos por «Farmacia de Guardia».
– Mejor interpretación secundaria de TV:
MIGUEL RELLÁN por «Tango».
Los nominados fueron:
Cesáreo Estebánez por «Farmacia de Guardia».
Maruchi León por «Farmacia de guardia».
– Premio Revelación:
JAVIER BARDEM por «Jamón, Jamón».
Los nominados fueron:
Penelope Cruz por «Jamón, Jamón».
Miguel del Arco por «Los Miserables».

– Premio «José M.ª Rodero» a toda una vida:
FERNANDO FERNÁN GÓMEZ.
– Premio especial «Unión de Actores»:
LIBRERÍA LA AVISPA.

1993

– Mejor interpretación protagonista de cine:
EMMA SUÁREZ por «La ardilla roja».
Los nominados fueron:
Juan Echanove por «MadreGilda».
Verónica Forqué por «Kika».
– Mejor interpretación secundaria de cine:
FERNANDO VALVERDE por «Sombras en una batalla».
Los nominados fueron:
María Barranco por «La ardilla roja».
Rossy de Palma por «Kika».
– Mejor interpretación protagonista de teatro:
CARMEN ELÍAS por «La doble inconstancla».
Los nominados fueron:
Ana Marzoa por «Un tranvía llamado llamado deseo».
Nancho Novo por «Nosferatu».
– Mejor interpretación secundaria de teatro:
NATALIA DICENTA por «Un tranvía llamado deseo».
Los nominados fueron:
Sonsoles Benedicto por «Tristana».
Juan Matute por «Nosferatu».
– Mejor interpretación protagonista de TV:
FRANCISCO RABAL por «Una gloria nacional».
Los nominados fueron:
Fernando Fernán-Gómez por «Los ladrones van a la oficina».
Alfredo Landa por «Lleno, por favor».
– Mejor interpretación secundaria de TV:
CESÁREO ESTEBÁNEZ por «Farmacia de guardia».
Los nominados fueron:
Anabel Alonso por «Los ladrones van a la oficina».
Miguel Molina por «Lleno, por favor».
– Premio Revelación:
NANCHO NOVO por «La ardilla roja».
Los nominados fueron:
Anabel Alonso por «Los ladrones van a la oficina».

Natalia Menéndez por «Nosferatu».
– Premio «José M.ª Rodero» a toda una vida:
MANUEL ALEXANDRE.
– Premio especial «Unión de actores»:
SALAS ALTERNATIVAS.

1994

– Mejor interpretación protagonista de cine:
CARMELO GÓMEZ por «Días contados».
Los nominados fueron:
Gabino Diego por «Los peores años de nuestra vida».
Cristina Marcos por «Todos los hombres sois iguales».
– Mejor interpretación secundaria de cine:
JAVIER BARDEM por «Días contados».
Los nominados fueron:
Elvira Mínguez por «Días contados».
Candela Peña por «Días contados».
– Mejor interpretación protagonista de teatro:
M,ª JESÚS VALDÉS por «El cerco de Leningrado».
Los nominados fueron:
Luis Merlo por «Calígula».
Blanca Portillo por «Oleanna».
– Mejor interpretación secundaria de teatro:
PEDRO M. SÁNCHEZ por «Calígula».
Los nominados fueron:
Ana Labordeta por «La noche de las tribadas».
Aitor Tejada por «Don Gil de las calzas verdes».
– Mejor interpretación protagonista de TV:
JUANJO PUIGCORBÉ por «Villarriba, Villabajo».
Los nominados fueron:
Concha Cuetos por «Farmacia de Guardia».
Juan Echanove por «Hermanos de leche».
– Mejor interpretación secundaria de TV:
JAVIER CÁMARA por «¡Ay Señor, Señor!».
Los nominados fueron:
Silvia Marsó por «Canguros».
Luis Merlo por «Canguros».
– Premio Revelación:
RUTH GABRIEL por «Días contados».
Los nominados fueron:

Elvira Mínguez por «Días contados».
Candela Peña por «Días contados».
– Premio «Jose M.ª Rodero» a toda una vida:
MARUCHI FRESNO Y MARI CARMEN PRENDES.
– Premio especial «Unión de actores»:
ARNOLD TARABORRELI.

1995

–Mejor interpretación protagonista de cine:
VICTORIA ABRIL por «Nadie hablará de nosotras cuando hayamos muerto».
Los nominados fueron:
Marisa Paredes, por «La flor de mi secreto».
Aitana Sanchez-Gijón por «Boca a Boca».
– Mejor interpretación secundaria de cine:
PILAR BARDEM, por «Nadie hablará de nosotras cuando hayamos muerto».
Los nominados fueron:
Rossy de Palma por «La flor de mi secreto».
Chus Lampreave por «La flor de mi secreto».
–Mejor interpretación protagonista de teatro:
M.ª JESÚS VALDÉS, por «Tres mujeres altas».
Los nominados fueron:
Ana Belén por «La Bella Helena».
Juan José Otegui por «Martes de carnaval».
–Mejor interpretación secundaria de teatro:
BERTA RIAZA, por «La discreta enamorada».
Los nominados fueron:
Paco Maestre por «La Bella Helena».
Joaquin Notario, por «La discreta enamorada».
–Mejor interpretación protagonista de TV:
AITANA SÁNCHEZ GIJÓN, por «La Regenta».
Los nominados fueron:
Verónica Forqué, por «Pepa y Pepe».
Fernando Valverde, por «Pepa y Pepe».
–Mejor interpretación secundaria de TV:
CRISTINA MARCOS, por «La Regenta».
Los nominados fueron:
Luisa Martín, por «Médico de familia».
Isabel Ordaz, por «Pepa y Pepe».
– Premio Revelación:

MARÍA PUJALTE, por «Entre rojas».
Los nominados fueron:
Juan Diego Botto, por «Historias del Kronen» .
Santiago Segura, por «El día de la Bestia».
–Premio «José María Rodero» a toda una Vida:
MARI CARRILLO.
– Premio «Unión de Actores»:
ANTOÑITA VD. DE RUIZ.

1996

–Mejor interpretación protagonista de cine:
TERELE PÁVEZ, por «La Celestina».
Los nominados fueron:
Javier Bardem, por «Éxtasis».
Emma Suárez, por «El perro del Hortelano».
– Mejor interpretación secundaria de cine:
NANCHO NOVO, por «La Celestina».
Los nominados fueron:
Ernesto Alterio, por «Tengo una casa».
Gustavo Salmerón, por «Más que amor frenesí».
– Mejor interpretación de reparto de cine:
NATHALIE SESEÑA, por «La celestina».
Los nominados fueron:
Miguel del Arco, por «Bwana».
Pilar Ordóñez, por «Taxi».
– Mejor interpretación protagonista de teatro:
EMILIO GUTIERREZ CABA, por «El sí de las niñas», y CARLOS HIPÓLITO, por «El Misántropo».
Los nominados fueron:
Manuel de Blas, por «Luces de Bohemia».
– Mejor interpretación secundaria de teatro:
FERNANDO CONDE por «Yonquis y Yanquis».
Los nominados fueron:
José Luis Martínez por «El sí de las niñas».
Gloria Muñoz por «Bienvenida a casa».
– Mejor interpretación de reparto de teatro:
MARÍA ÁLVAREZ, por «Yonquis y Yanquis».
Los nominados fueron:
Manuel Brun, por «Luces de Bohemia».
Aitor Tejada, por «El Misántropo».
– Mejor interpretación protagonista de TV:
FERNANDO VALVERDE, por «Todos los hombres sois iguales».

Los nominados fueron:

José Sacristán, por «Este es mi barrio».

Ana Otero, por «Todos los hombres sois iguales».

– Mejor interpretación secundaria de TV: LUISA MARTÍN, por «Médico de familia».

Los nominados fueron:

Lola Baldrich, por «Médico de familia».

Blas Moya, por «Menudo es mi padre».

– Mejor interpretación de reparto de TV: ANTONIO MOLERO, por «Médico de familia».

Los nominados fueron:

Oswaldo Martín, por «Lucrecia».

Jorge Roelas por «Médico de familia».

– Premio Revelación: INGRID RUBIO, por «Taxi».

Los nominados fueron:

Emilio Buale, por «Bwana».

Daniel Guzmán, por «Yonquis y Yanquis».

– Premio «Jose M.ª Rodero» a toda un vida: FRANCISCO RABAL.

– Premio especial «Unión de actores»: FUNDACION CASA DEL ACTOR.

1997

– Mejor interpretación protagonista de cine: JORDI MOLLÁ, por «La buena estrella».

Los nominados fueron:

Javier Bardem, por «Perdita Durango».

Antonio Resines, por «La buena estrella».

– Mejor interpretación secundaria de cine. CHARO LÓPEZ por «Secretos del corazón».

Los nominados fueron:

Manuel Manquiña, por «Airbag».

Ángela Molina, por «Carne Trémula».

– Mejor interpretación de reparto de cine: PILAR BARDEM, por «Carne Trémula».

Los nominados fueron:

Penélope Cruz, por «Carne Trémula».

Blanca Portillo, por «El color de las nubes».

– Mejor interpretación protagonista de teatro: VICKI PEÑA, por «Sweeney Todd».

Los nominados fueron:

Nuria Gallardo, por «La venganza de Tamar».

Miguel Palenzuela, por «El enfermo imaginario».

–Mejor interpretación secundaria de teatro: BLANCA PORTILLO, por «Eslavos».

Los nominados fueron:

Miguel Foronda, por «La venganza de Tamar».

Ana Frau, por «Eslavos».

– Mejor interpretación de reparto de teatro: CARMEN DEL VALLE por «La venganza de Tamar».

Los nominados fueron:

Diego París, por «¿Sabes?, anoche por poco sueño».

Pepe Pascual por «El enfermo imaginario».

– Mejor interpretación protagonista de TV: FERNANDO VALVERDE por «Todos los hombres sois iguales».

Los nominados fueron:

Imanol Arias, por «Querido Maestro».

Emma Suárez, por «Querido Maestro».

– Mejor interpretación secundaria de TV: ISABEL ORDAZ, por «Todos los hombres sois iguales».

Los nominados fueron:

Jesús Bonilla, por «Querido Maestro».

Fernando Chinarro, por «Querido Maestro».

– Mejor interpretación de reparto de TV: ÁNGEL BURGOS por «Todos los hombres sois iguales».

Los nominados fueron:

Antonio Molero, por «Médico de familia».

Blas Moya, por «Menudo es mi padre».

– Premio revelación: ANDONI ERBURU, por «Secretos del corazón».

Los nominados fueron:

Fernando Ramallo, por «Carreteras secundarias».

Alberto San Juan por «Airbag».

– Premio «José M.ª Rodero» a toda una vida: BERTA RIAZA.

– Premio especial «Unión de actores»: FUNDACIÓN ARGENTARIA.

CAPÍTULO III

NUESTRA SELECCIÓN

La información dada en las páginas precedentes nos han llevado a seleccionar las setenta y seis estrellas cinematográficas que enunciamos a continuación, como las más representativas de nuestro cine en la década de los noventa. Sólo hemos querido incluir en esta relación aquellos actores o actrices que en este período han alcanzado el estrellato o que, lográndolo en los años ochenta, han mantenido, a nuestro juicio, este envidiable «status» profesional en la década que analizamos. Por supuesto que podríamos haber incluido algunos nombres más, pertenecientes tanto a noveles como a veteranos, y posiblemente algunos lectores echarán en falta la presencia de dos o tres estrellas que quizás ellos hubieran introducido en lugar que otras que nosotros hemos escogido. Ahora bien, a pesar de este hecho, que consideramos prácticamente inevitable, creemos que el conjunto de personajes que analizamos tiene un grado de representación enormemente elevado en relación al tema que estudia el presente libro.

1. Victoria Abril
2. María Adánez
3. Javier Albalá
4. Anabel Alonso
5. Ernesto Alterio
6. Ana Álvarez
7. Elena Anaya
8. Álex Angulo
9. Imanol Arias
10. Neus Asensi
11. Antonio Banderas
12. Javier Bardem
13. María Barranco
14. Ana Belén
15. Leire Berrocal
16. Icíar Bollaín
17. Lydia Bosch
18. Juan Diego Botto
19. Álex Casanovas
20. José Coronado
21. Penélope Cruz
22. Ángel De Andrés López
23. Gabino Diego
24. Juan Echánove
25. Karra Elejalde
26. María Esteve
27. Verónica Forqué
28. Carlos Fuentes
29. Ruth Gabriel
30. Saturnino García
31. Ariadna Gil
32. Carmelo Gómez
33. Fernando Guillén
34. Cayetana Guillén Cuervo
35. Fernando Guillén Cuervo
36. Daniel Guzmán
37. Lucía Jiménez
38. Charo López
39. Sergi López
40. Coque Malla
41. Achero Mañas
42. Cristina Marcos
43. Fele Martínez
44. Carmen Maura
45. Aitor Merino
46. Ángela Molina
47. Jordi Mollá
48. Silvia Munt
49. Pepón Nieto
50. Najwa Nimri
51. Eduardo Noriega
52. Nancho Novo
53. Ana Obregón
54. Marisa Paredes
55. Rosana Pastor
56. Candela Peña
57. Pere Ponce
58. Eusebio Poncela
59. Juanjo Puigcorbé
60. María Pujalte
61. Liberto Rabal
62. Antonio Resines
63. Beatriz Rico
64. Ingrid Rubio
65. Gustavo Salmerón
66. Aitana Sánchez-Gijón
67. Jorge Sanz
68. Rosa María Sardá
69. Santiago Segura
70. Nathalie Seseña
71. Silke
72. Emma Suárez
73. Ana Torrent
74. Antonio Valero
75. Fernando Valverde
76. Maribel Verdú

Victoria Abril

VICTORIA ABRIL

Nombre real: Victoria Mérida Rojas.
Nacimiento: 4 de julio de 1959, en Madrid.

Aunque nace en Madrid, pasa los primeros cinco años de su vida en Málaga. Una «infancia de niña pobre», según sus propias palabras, al lado de su abuela. Tras cursar estudios primarios, decide dedicarse a la danza clásica, y es aquí donde tiene su primera oportunidad en el cine con **«Obsesión»** de la mano de FRANCISCO LARA POLOP. También aparece en la portada de alguna revista cinematográfica, y en 1976 su rostro se hace muy popular al ser escogida por NARCISO IBÁÑEZ SERRADOR como la «azafata contable» del concurso televisivo «1,2,3... RESPONDA OTRA VEZ», labor que compagina con el rodaje de nuevas producciones cinematográficas. Al fallarle ÁNGELA MOLINA, VICENTE ARANDA la elige como el adolescente transexual de **«Cambio de sexo»**, volviéndola a llamar para **«La muchacha de las bragas de oro»**. Se inicia así una estrecha relación profesional que seguirá cosechando sus frutos. A finales de los 70 decide probar fortuna en el teatro y estudia declamación y canto. En 1981 es dirigida en **«La guerrillera»** por PIERRE KAST, quien le sugiere que pruebe suerte en Francia. Las ofertas se suceden y, ante las escasas propuestas que recibe de España, Victoria se instala en París. También hace incursiones cinematográficas en Suiza, Portugal e Italia. Comienzan a llamarla directores españoles de la talla de Mario Camus, Jaime Chávarri o Jaime de Armiñán, con los que realiza memorables interpretaciones, respectivamente, en **«La colmena»**, **«Las bicicletas son para el verano»** y **«La hora bruja»**. Con Almodóvar trabaja en **«La ley del deseo»** (en un fugaz plano), **«¡Átame!**, **«Tacones lejanos»** y **«Kika»**, tras haber rechazado sus ofertas para intervenir en «¿Qué he hecho yo para merecer esto?» y «Mujeres al borde de un ataque de nervios». A lo largo de este período, no rompe su relación profesional con Vicente Aranda, regalándonos los maravillosos personajes de **«Tiempo de silencio»**, **«El Lute (camina o revienta)»** y **«Amantes»**. En 1994 interpreta junto a JOSIANE BALASKO, con quien ya había trabajado en teatro, **«Felpudo maldito»** y un año más tarde nos sobrecoge con su interpretación en **«Nadie hablará de nosotras cuando hayamos muerto»**, de AGUSTÍN DÍAZ YANES. Durante algunos años convivió con GERARD DE BATTISTA, con quien tiene dos hijos. Antes, en 1978, había contraído matrimonio con el periodista GUSTAVO LAUBE.

Impacto cinematográfico

Victoria Abril es una de las actrices españolas con mayor proyección internacional. Ya en **«Cambio de sexo»** (1976) nos ofrece una magnífica interpretación cimentada en la ambigüedad de su personaje. En 1983 consigue, por **«Sin sombra de pecado»**, el galardón relativo a la mejor interpretación femenina en el Festival de Cine de La Coruña, así como ser en Francia nominada al César como mejor actriz secundaria por su labor en **«La lune dans le caniveau»**; y en 1986 se le otorga el premio a la mejor actriz concedido, por vez primera, por la Asociación de Directores Cinematográficos Españoles (ADIRCE). Al año siguiente, recibe en San Sebastián el premio a la mejor actriz por su magistral *Chelo* de **«El Lute (camina o revienta)»**. También se reconoce su labor en **«Amantes»** (1991) con el Oso de Plata a la mejor actriz en el Festival de Berlín y en **«Nadie hablará de nosotras cuando hayamos muerto»** (1995) con el Premio de la Unión de Actores a la mejor interpretación protagonista y el premio de interpretación en el Festival de San Sebastián. En cuanto a los GOYA, ha sido nominada seis veces consecutivas por **«Tiempo de silencio»** (1986), **«El Lute (camina o revienta)»** (1987), **«Baton Rouge»** (1988), **«Si te dicen que caí»** (1989), **«¡Átame!»** (1990) y **«Amantes»** (1991). Finalmente, lo consigue gracias a la recreación de una mujer a la deriva en **«Nadie hablará de nosotras cuando hayamos muerto»**. Finalista en varias ocasiones en los Fotogramas de Plata, recibe este galardón por **«Padre Nuestro»** (1985), **«El Lute (camina o revienta) (1987)** y **«Si te dicen que caí»** (1989). Cuenta desde 1985 con los premios a la mejor actriz de la Guía del Ocio, Long-Play y Sant Jordi, recibiendo asimismo premios de «Onda Madrid» y del Instituto Cinematográfico de la Generalitat. Ha tenido la oportunidad de llevar a la pantalla una serie de personajes femeninos de gran fuerza dramática, siendo su presencia en el reparto de una película garantía absoluta para la misma. En julio de 1997 recibió, de manos del embajador francés en nuestro país, la insignia de «Oficial de las Artes y las Letras», que otorga el Ministerio de Cultura del país galo.

Filmografía

1974. Obsesión, de Francisco Lara Polop. **1975. Y le llamaban Robin Hood**, de Tonino Ricci. **1976. Robin y Marian** (*Robin and Marian*), de Richard Lester. **El hombre que supo amar**, de Miguel Picazo. **Caperucita Roja**, de Luis Revenga y Aitor Goiricelaya. **El puente**, de Juan Antonio Bardem. **Cambio de sexo**, de Vicente Aranda. **1977. Esposa y amante**, de Angelino Fons. **Doña Perfecta**, de César Ardavín. **1979. La muchacha de las bragas de oro**, de Vicente Aranda. **1980. Mater Amatísima**, de Josep Anton Salgot. **La otra mujer** (*Le coeur a l'envers*), de Frank Apraederis. **Más vale pájaro en mano** (*Mieux vaux être riche et bien portant que fauché et mal fotu*), de Max Pecas. **La casa del paraíso**, de Santiago San Miguel. **1981. Yendo hacia ti** (*Comin'at ya!*), de Ferdinando Baldi. **La batalla del porro**, de Joan Minguell. **Asesinato en el Comité Central**, de Vicente Aranda. **La guerrillera**, de Pierre Kast. **1982. La colmena**, de Mario Camus. **Entre paréntesis**, de Simón Fábregas. **Sem sombra de pecado**, de José Fonseca e Costa. **Casado con una sombra** (*J'ai épousé une ombre*), de Robin Davis. **La lune dans le caniveau** (*La luna en el arroyo*, en la edición videográfica española), de Jean-Jacques Beineix. **1983. El bastardo** (*Le batard*), de Bertrand Van Effenterre. **Las bicicletas son para el verano**, de Jaime Chávarri. **La última solución** (*L'adittion*), de Denis Amar. **El viaje** (*Le voyage*), de Michel Andrieu. **1984. Río abajo**, de José Luis Borau. **La noche más hermosa**, de Manuel Gutiérrez Aragón. **After darkness**, de Dominique Othenin-Girard y Sergio Guerraz. **Rouge Gorge**, de Pierre Zucca. **1985. Padre Nuestro**, de Francisco Regueiro.

Victoria Abril

La hora bruja, de Jaime de Armiñán. **1986. Tiempo de silencio**, de Vicente Aranda. **Max, mi amor** (*Max, mon amour*), de Nagisha Oshima. **Vado e torno**, de Giancarlo Giannini. **1987. La ley del deseo**, de Pedro Almodóvar. **El Lute (camina o revienta)**, de Vicente Aranda. **Barrios altos**, de José Luis Berlanga. **El juego más divertido**, de Emilio Martínez Lázaro. **1988. El placer de matar**, de Félix Rotaeta. **Baton Rouge**, de Rafael Moleón. **Adán en la jungla** (*Ada dans la jungle*), de Gérard Zingg. **Sans peur et sans reproche**, de Gérard Jugnot. **1989. Si te dicen que caí**, de Vicente Aranda. **1990. ¡Átame!**, de Pedro Almodóvar. **A solas contigo**, de Eduardo Campoy. **1991. Amantes**, de Vicente Aranda. **Una época formidable** (*Une époque formidable*), de Gérard Jugnot. **Tacones lejanos**, de Pedro Almodóvar. **1992. Demasiado corazón**, de Eduardo Campoy. **1993. Intruso**, de Vicente Aranda. **Kika**, de Pedro Almodóvar. **Casco azul** (*Casque bleu*), de Gérard Jugnot. **1994. Jimmy Hollywood** (*Jimmy Hollywood*), de Barry Levinson. **Felpudo maldito** (*Gauzon maudit*), de Josiane Balasko. **1995. Nadie hablará de nosotras cuando hayamos muerto**, de Agustín Díaz Yanes. **1996. Libertarias**, de Vicente Aranda. **1997. La mujer del cosmonauta**, de Jacques Monnet. **1998. Entre las piernas**, de Manuel Gómez Pereira. **Mon père, ma mère, mes frères et mes soeurs,** de Charlotte de Turckheim.

• Además, ha trabajado para la televisión en las **series: La Barraca**, de León Klimovski (1979); **La huella del crimen (El crimen del capitán Sánchez)**, de Vicente Aranda (1984); **Los pazos de Ulloa**, de Gonzalo Suárez (1985); **La mujer de tu vida (La mujer lunática)**, de Emilio Martínez Lázaro (1988); **Los jinetes del alba**, de Vicente Aranda (1989); y **Sandino**, de Miguel Littin (1990) (miniserie).

• También para la **televisión**, ha sido azafata del concurso «1,2,3...RESPONDA OTRA VEZ», de Narciso Ibáñez Serrador (1976/1977). También presenta el programa «A PIE, EN BICI Y EN MOTO» (1982).

• En cuanto al **teatro**, ha llevado a cabo las siguientes representaciones: **Obras de Mihura**, en la Compañía Tirso de Molina (1977); **Viernes, día de libertad**, en la Compañía Luis Prendes (1977); y **Nuit d'ivresse**, de Josiane Balasko (1986)(París).

• En 1983, en Vietnam, ejerció la labor de ayudante de cámara en la producción **Poussière d'empire**, de Lam-Lê.

María Adánez

MARÍA ADÁNEZ

Nombre real: María Adánez.
Nacimiento: 12 de marzo de 1976, en Madrid.

Hija de la maquilladora y peluquera Paca Almenara (que ganó un Goya por «Acción mutante»), sintió desde niña una irresistible atracción por el cine, debutando en este medio a los seis años de edad, con el film **«Mar Brava»**, de Angelino Fons. También intervino siendo aún una niña en los largometrajes **«Loca por el circo»**, de Luis María Delgado; **«Vivir mañana»**, de José María Morena; **«El crack II»**, de José Luis Garci, y **«El currante»**, de Mariano Ozores. En 1989 fue la hija de Ana Belén en **«El vuelo de la Paloma»** y, ya en la presente década, tuvo a su cargo pequeños papeles en **«Los peores años de nuestra vida»**, de Emilio Martínez Lázaro, y **«La ley de la frontera»**, de Adolfo Aristarain. La televisión, medio para el que trabajó en conocidas series, como **«Pepa y Pepe»**, de Manuel Iborra, le proporcionó la experiencia necesaria para que este realizador le confiara el papel de Elena, la hija extrovertida y con la cabeza llena de pájaros de Verónica Forqué y Antonio Resines en el film **«El tiempo de la felicidad»**. Este título ha sido decisivo para la carrera de esta joven actriz que, hablando en un lenguaje común, «ha explotado» en 1997, año en el que ha logrado el «status» de protagonista, al ejercer este cometido, tanto en la película **«Cha-cha-cha»**, de Antonio Del Real, como en **«Rewind»**, de Nicolás Muñoz.

Impacto cinematográfico

Actriz especialmente dotada para la comedia, ha confesado tener un enorme amor por el cine, así como un gran deseo por aprender todo lo necesario para su profesión. Con el trabajo realizado en la película **«Cha-cha-chá»**, desarrollando el papel de María, la profesora de baile en una academia, a quien su mejor amiga (Ana Álvarez) quiere quitar el novio (Jorge Sanz), María Adánez ha demostrado que ha dejado de ser una promesa de nuestro cine para convertirse en toda una realidad. No es extraño, por tanto, que Gómez Pereira le haya confiado en su película **«Entre las piernas»**, el papel de Juani, una chica de 23 años casada con un taxista que tiene dos niños y padece SIDA. Todo un reto para esta simpática actriz que confiesa tener en su madre, que a su vez es su mejor amiga, el apoyo necesario para ejercer la difícil profesión que ha elegido.

Filmografía

1982. **Mar Brava,** de Angelino Fons. **Loca por el circo,** de Luis María Delgado. 1983. **Vivir mañana,** de José María Morena. **El crack II,** de José Luis Garci. **El currante,** de Mariano Ozores. **1989. El vuelo de la paloma,** de José Luis García Sánchez. **El rey del mambo,** de Carles Mira. **1994. Los peores años de nuestra vida,** de Emilio Martínez Lázaro. **1995. La ley de la frontera,** de Adolfo Aristarain. **1997. El tiempo de la felicidad,** de Manuel Iborra. **El grito en el cielo,** de Dunia Ayaso y Félix Sabroso. **Cha-cha-chá,** de Antonio Del Real. **Rewind,** de Nicolás Muñoz. **1998. Entre las piernas,** de Manuel Gómez Pereira.

• Además ha trabajado en el **cortometraje «Perdón, perdón»,** de Manuel Ríos San Martín (1998).

• Para la **televisión** ha intervenido en las **series y/o producciones: El grito y el silencio,** de Manuel Ripoll; **Los vecinos de al lado,** de Manuel Ripoll; **Farmacia de guardia,** de Antonio Mercero (1991); **Pepa y Pepe,** de Manuel Iborra (1993); **Ay, Señor, Señor,** de Julio Sánchez Valdés (1994); **Menudo es mi padre,** de Manolo Valdivia (1996); **Los negocios de mamá,** de Luis Sanz (1997), y **Ana y sus hermanas,** de Chus Gutiérrez (1998).

• En el **teatro** ha intervenido en las obras: **Casa de muñecas,** dirigida por Nino Quevedo, y **Los bosques de Nyx,** dirigida por Javier Tomeo.

Javier Albalá

JAVIER ALBALÁ

Nombre real: Javier Albalá.
Nacimiento: 1969, en Suiza.

Introducido en escuelas de teatro desde hace más de diez años, entra en el mundo del cine a través de papeles secundarios que le permiten trabajar con actores como ANNA GALIENA. En 1995 PEDRO OLEA le da su primera oportunidad en **«Morirás en Chafarinas»,** junto a JORGE SANZ, interpretando un año más tarde al misterioso prota-

gonista de **«Razones sentimentales»** de ANTONIO A. FARRE. Se traslada luego al terreno de la comedia con **«El ángel de la guarda»,** donde le da la réplica al veterano MANUEL ALEXANDRE, además de integrar el joven reparto de **«Más que amor, frenesí».** En 1997 comparte cartel con ISABEL ORDAZ en **«Chevrolet»,** y junto a JUANJO PUIG-CORBE rueda ese mismo año **«Suerte»** de ERNESTO TELLERÍA.

Impacto cinematográfico

De polifacética vocación artística, JAVIER ALBALÁ lleva ya unos cuantos años en la profesión de actor. Especializado

en tipos extraños y misteriosos, ha intercalado en su carrera cinematográfica tanto papeles protagonistas como personajes secundarios, a los que da una misma relevancia en su tratamiento.

Filmografía

1992. El laberinto griego, de Rafael Alcázar. **1994. Las mujeres y los niños primero,** de Sandra Joxe. **1995. Morirás en Chafarinas,** de Pedro Olea. **1996. Razones sentimentales,** de Antonio A. Farré. **El ángel de la guarda,** de Santiago Matallana. **Más que amor, frenesí,** de Alfonso Albacete, Miguel Bardem y David Menkes. **1997. Quince,** de Francisco Rodríguez Fernández. **Chevrolet,** de Javier Maqua. **Suerte,** de Ernesto Tellería. **1998. Entre las piernas,** de Manuel Gómez Pereira. **San Pedro de Budapest,** de Miklos Jancso *(proyecto).* • También ha trabajado para la **televisión** en la serie **Más que amigos,** de Daniel Écija, Guillermo Fernández y Manuel Valdivia (1997).

Anabel Alonso

ANABEL ALONSO

Nombre real: Ana Isabel Alonso Gómez.
Nacimiento: 11 de noviembre de 1964, en Baracaldo (Vizcaya).

Tras matricularse en la Escuela de Arte Dramático de Euskadi, recorre el País Vasco interpretando monólogos y participando en talleres de teatro. A los 21 años viene a Madrid para trabajar con LOLO RICO en el programa de televisión «LA BOLA DE CRISTAL». En teatro hace **El lunático** y **Los gatos**, siendo después presentada por RAFAEL GALÁN a JOSEMA y MILLÁN (Martes y Trece), que se apresuran a contratarla para su especial «VENGA EL 91». También le proporcionan su debut en el cine con «**El robobo de la jojoya**», que fue definitivo para su inmediato éxito en televisión.

Impacto cinematográfico

Almodóvar la ha definido como *«la gran continuadora de la tradición de espléndidas secundarias del cine español»*. Aunque ha hecho alguna incursión en el drama, es en la comedia donde mejor se la identifica. Tras una larga lista en el cine de personajes de apoyo a los protagonistas, consigue hacerse en televisión con uno principal: el de *la Pruden*, la regenta del bar de «**LOS LADRONES VAN A LA OFICINA**»,

Filmografía

1991. El robobo de la jojoya, de Alvaro Sáenz de Heredia. **1992. Tretas de mujer**, de Rafael Moleón. **1993. Kika**, de Pedro Almodóvar. **1994. Amor propio**, de Mario Camus. **Los hombres siempre mienten**, de Antonio del Real. **Las cosas del querer II**, de Jaime Chávarri. **1995. Hotel y domicilio**, de Ernesto del Río. **1996. Pon un hombre en tu vida**, de Eva Lesmes. **La leyenda de la doncella**, de Juan Pinzás (titulada originariamente *El abejón*). **La Moños**, de Mireia Ros. **Tu nombre envenena mis sueños**, de Pilar Miró. **El crimen del cine Oriente**, de Pedro Costa. **1997. Corazón loco**, de Antonio del Real. **1998. El condenado**, de Antonio Gasalla *(proyecto)*.

• Junto a Pedro Mari Sánchez, ha protagonizado el **cortometraje «Esposados»**, de Juan Carlos Fresnadillo, nominado a los Oscar de 1996.

En 1993, PEDRO ALMODÓVAR le escribe un papel a su medida en «**Kika**», y a las órdenes de JAIME CHAVARRI encarna un año más tarde a una mujer despechada en «**Las cosas del querer II**». Aparece como una prostituta amiga de JORGE SANZ en «**Hotel y domicilio**» antes de su intervención en «**La Moños**» (1996), donde da vida a una artista parisina. Por fin consigue, con muy buena acogida, su primer papel dramático protagonista en «**El crimen del cine Oriente**» a las órdenes de PEDRO COSTA. La fama en televisión le llega gracias al programa «OBJETIVO INDISCRETO» junto a ANTONIO RESINES, con quien también coincide en la serie «**LOS LADRONES VAN A LA OFICINA**», que supone la cima de popularidad de la actriz.

papel por el que apuesta en 1993. Precisamente este año, y por esta serie, le es otorgado el Fotogramas de Plata a la mejor actriz de televisión. En 1995 se le concede el Premio a la Mejor Imagen del Año, y por su magistral interpretación en «**El crimen del cine Oriente**» (1996) recibe el Premio a la mejor actriz en la VI edición de los Premios El Mundo al Cine Vasco. Asimismo, es reconocido su trabajo en el cortometraje «**Esposados**» (1996) con el Premio a la mejor actriz en el Festival Ibérico de Cine de Badajoz.

• Además, ha trabajado para la **televisión** en las **series: La mujer de tu vida (La mujer oriental)** (1990); **No sé bailar**, de Juan Tébar (1990); **Menos lobos** (1992); **Tercera Planta Inspección Fiscal** (1992); **Habitación 503**, de Pedro Amalio López (1993); **Los ladrones van a la oficina**, de Tito Fernández (1993); **Contigo, pan y cebolla**, de Javier Elorrieta (1996); y **Hermanas**, de Enrique Banqué (1998).

• También para la **televisión**, ha participado en los programas «LA TRAKA» (para Euskal Telebista) y «LA BOLA DE CRISTAL», de Lolo Rico. Ha sido colaboradora de Josema y Millán (Martes y Trece) en sus «ESPECIALES FIN DE AÑO» y en el programa «VIÉNDONOS». Asimismo, ha rodado varios capítulos de «EL PEOR PROGRAMA DE LA SEMANA», dirigido por Fernando Trueba.

• Ha presentado, junto a Antonio Resines, el programa de TVE «OBJETIVO INDISCRETO». También para esta cadena ha presentado «EL FLECHAZO» (1997).

• Junto a Carlos Hipólito, realiza las funciones de anfitriona en la ceremonia de entrega de los Premios Unión de Actores 1994, ejerciendo este mismo papel en los Fotogramas de Plata 1996.

• En **teatro** debuta con **Las troyanas** de Eurípides, bajo la dirección de Luis Iturri. Tras esto, **El lunático** de Ramón Gómez de la Serna, dirigida por Emilio Hernández; **Maribel y la extraña familia** de Miguel Mihura, bajo la dirección de Emilio Hernández; **Los gatos** de Agustín Gómez Arcos, dirigida por Carmen Portaceli; **Frankie y Johnny en el Clair de Lune**, bajo la dirección de Mario Gas; y **Un día cualquiera** de Darío Fo, codirigida por Fernando Colomo y Rosa María Sardá (1998).

Ernesto Alterio

ERNESTO ALTERIO

Nombre real: Ernesto Alterio.
Nacimiento: 25 de setiembre de 1970, en Buenos Aires (Argentina).

Hijo del actor HÉCTOR ALTERIO, cursa dos años de Historia y cuatro de Interpretación antes de encarnar, junto a SILKE, su primer protagonista cinematográfico en «**Tengo una casa**» (1995) de MÓNICA LAGUNA. Ese mismo año trabaja a las órdenes de JUAN SEBASTIÁN BOLLAIN en

Impacto cinematográfico

Heredero del arte de la interpretación, ERNESTO ALTE-

«**Belmonte**», compartiendo esta vez cartel con ACHERO MAÑAS. En 1997 consigue una buena oportunidad de darse a valer con la película de CHUS GUTIÉRREZ «**Insomnio**», en la que está excelentemente arropado por CRISTINA MARCOS y CANDELA PEÑA. Un año más tarde, FERNANDO COLOMO cuenta con él para su road movie «**Los años bárbaros**», junto a JORDI MOLLÁ. Asimismo, como actor amante de los escenarios, tiene su propia compañía teatral: RACIÓN DE OREJA.

RIO ha ido escalando poco a poco en la profesión a través de personajes muy diferentes entre sí.

Filmografía

1991. Beltenebros, de Pilar Miró. **1992. Tango feroz**, de Marcelo Piñeiro. **1994. Dos por dos**, de Eduardo Mencos. **1995. Morirás en Chafarinas**, de Pedro Olea. **Tengo una casa**, de Mónica Laguna. **Belmonte**, de Juan Sebastián Bollaín. **1996. Mi nombre es Sombra**, de Gonzalo Suárez. **Más que amor, frenesí**, de Alfonso Albacete, Miguel Bardem y David Menkes. **1997. Insomnio**, de Chus Gutiérrez. **1998. Los años bárbaros**, de Fernando Colomo. **Cuarteto de La Habana** (título provisional), de Fernando Colomo. **Estrellas de la noche** (que también podría titularse **Los lobos de Washington**), de Mariano Barroso (proyecto).

• Ha intervenido en los siguientes cortometrajes: «**Matar a Elizabeth**» (Shooting Elizabeth), de Baz Taylor (1993); y «**Un vínculo**», de Carlos Muguiro (1997).

• Además, ha trabajado para la **televisión** en la **serie Todos los hombres sois iguales**, de Jesús Font (1996).

• Asimismo, se ha embarcado en una gira teatral junto a su compañía teatral, RACIÓN DE OREJA, y su espectáculo **Animalario**.

Ana Álvarez

ANA ÁLVAREZ

Nombre real: Ana Álvarez Páez.
Nacimiento: 19 de noviembre de 1969, en Jerez de la Frontera (Cádiz).

Hija de escritor republicano, se traslada a Madrid a los catorce años. Tras aprobar COU y Selectividad tiene intención de estudiar Periodismo, pero a los dieciséis año un fotógrafo argentino le hace unas fotos en el Retiro, e inicia así una carrera como modelo que le permite visitar medio mundo (Tokio, Atenas, París), aprender inglés y familiarizarse con las cámaras. En 1988 debuta en el cine de la mano de GIMÉNEZ-RICO con **«Jarrapellejos»**, y al año siguiente hace su primer papel protagonista en **«El tesoro»** de ANTO-NIO MERCERO. En 1990 rechaza «Las edades de Lulú» por parecerle un riesgo en su recién comenzada carrera, pero acepta interpretar a una mujer envuelta en el asesinato de sus propios padres en **«Solo o en compañía de otros»**, junto a JUAN RIBO. Con **«La madre muerta»** (1993), segundo largometraje de JUANMA BAJO ULLOA, consigue el reconocimiento de su valía como actriz. Luego vendrán **«El rey del río»**, **«Dile a Laura que la quiero»** y **«Brujas»**. Su primera experiencia fuera del país llega con **«Vivir al límite»** (1996) de MICHAEL GUTTMAN. Ha estado unida sentimentalmente a uno de los músicos que acompañaban a Luz Casal, fruto de cuya relación tiene un hijo.

Impacto cinematográfico

Actriz de mirada profunda y extraordinaria belleza. Aunque ha hecho algunas incursiones en la comedia (**«Aquí huele a muerto»** y **«¡Oh, cielos!»**), es mayor el número de personajes que ha llevado a la pantalla llenos de dureza y drama. Recibe en 1993 su primer premio como actriz en el Festival de Estocolmo por su labor en **«La madre muerta»**, interpretación que vuelve a ser galardonada un año más tarde en el Festival de Cartagena de Indias (Colombia).

Filmografía

1988. Jarrapellejos, de Antonio Giménez-Rico. **Soldadito español**, de Antonio Giménez-Rico. **1989. El tesoro**, de Antonio Mercero (año oficial de producción: 1990). **1990. Aquí huele a muerto**, de Alvaro Sáenz de Heredia. **Solo o en compañía de otros**, de Santiago San Miguel. **1991. Don Juan en los infiernos**, de Gonzalo Suárez. **1992. Yo me bajo en la próxima, ¿y usted?**, de José Sacristán. **Tierno verano de lujurias y azoteas**, de Jaime Chávarri. **1993. La madre muerta**, de Juanma Bajo Ulloa. **El baile de las ánimas**, de Pedro Carvajal. **Enciende mi pasión**, de José Luis Ganga. **1994. Los peores años de nuestra vida**, de Emilio Martínez Lázaro. **¡Oh, cielos!**, de Ricardo Franco. **1995. El rey del río**, de Manuel Gutiérrez Aragón. **Dile a Laura que la quiero**, de José Miguel Juárez. **1996. Vivir al límite**, de Michael Guttman. **Brujas**, de Alvaro Fernández Armero. **Best Seller (El premio)**, de Carlos Pérez Ferré. **Geisha**, de Eduardo Raspo. **1997. Mátame mucho**, de Jose Angel Bohollo. **Cha, cha, cha**, de Antonio del Real. **1998. Un dulce olor a muerte**, de Gabriel Retes.

● Junto a Karra Elejalde, ha protagonizado el cortometraje **«Robo en el cine Capitol»**, de Fernando Guillén Cuervo (1997). También interviene en los cortos **«Igual caen dos (El atardecer de pezuñas)»**, de Alex Calvo Sotelo; y **«Cosas nuestras»**, de José Pascual (1997).

Elena Anaya

ELENA ANAYA

Nombre real: Elena Anaya.
Nacimiento: 17 de julio de 1975, en Palencia.

Tras presentarse a las pruebas de ingreso en la Real Escuela de Arte Dramático y apuntarse a un Seminario de Interpretación, en 1996 consigue el papel protagonista en su debut cinematográfico: **«África»** de ALFONSO UNGRÍA, drama protagonizado por una pareja de adolescentes en el que comparte cartel con IMANOL ARIAS. En 1997 es reconocida su labor en **«Familia»**, primera película como director del hasta entonces guionista FERNANDO LEÓN, junto a un excelente JUAN LUIS GALIARDO. Ese mismo año rueda junto a ROSA MARÍA SARDÁ y ANDRÉS PAJARES **«Grandes ocasiones»** de FELIPE VEGA, logrando de nuevo una gran acogida de crítica y público.

Impacto cinematográfico

De físico dulce e inocente, ELENA ANAYA nos ha demostrado su valía interpretativa a través de una serie de personajes, de alguna manera, conflictivos. Galardonada con el Premio Un Futuro de Cine en el Festival de Cinema Jove de Valencia por **«Familia»**, es hoy una firme baza para nuestra industria.

Filmografía

1996. África, de Alfonso Ungría. **1997. Familia**, de Fernando León de Aranoa. **Grandes ocasiones**, de Felipe Vega. **1998. Finisterre, donde termina el mundo** (*título provisional*), de Javier Villaverde. **Lágrimas negras,** de Ricardo Franco y Fernando Bauluz (por fallecimiento del primero). **Punta Ballota 1898,** de Pedro Telechea (*proyecto*).

• Ha protagonizado el **cortometraje «Entre líneas»**, de Carlos Navarro (1998).

• En **teatro** ha representado **Talgo con destino a Murcia (Una luz que ya no está)**.

Álex Angulo

ÁLEX ANGULO

Nombre real: Álex Angulo.
Nacimiento: 1953, en Erandio (Vizcaya).

Actor de sólida formación teatral, es dirigido por ENRIQUE URBIZU en «**Tu novia está loca**» y «**Todo por la pasta**» antes de rodar a las órdenes del entonces novel ÁLEX DE LA IGLESIA «**Acción mutante**» (1992), junto a ANTONIO RESINES y FERNANDO GUILLÉN. Interviene después en películas como «**Los peores años de nuestra vida**» y «**Así en el cielo como en la tierra**», consiguiendo en 1995 un enorme éxito en su segunda incursión con ALEX DE LA IGLESIA: «**El día de la bestia**». ICÍAR BOLLAÍN cuenta con él para su «**Hola, ¿estás sola?**», y con LA CUADRILLA rueda «**Matías, juez de línea**». En 1997 hace «**Carne trémula**» de PEDRO ALMODÓVAR, y ese mismo año comparte cartel con ROSA MARÍA SARDA y ANDRÉS PAJARES en «**Grandes ocasiones**» de FELIPE VEGA.

Impacto cinematográfico

Rostro ya conocido del mundo del cine y la televisión, recibe en los Premios Goya una nominación al mejor actor por «**El día de la bestia**» (1995), interpretación por la que queda también finalista en los Fotogramas de Plata. ÁLEX ANGULO es hoy uno de los actores «característicos» de nuestro ámbito artístico.

Filmografía

1981. La fuga de Segovia, de Imanol Uribe. **1987. Tu novia está loca**, de Enrique Urbizu. **El amor de ahora**, de Ernesto del Río. **1990. El anónimo**, de Alfonso Arandia. **1991. Todo por la pasta**, de Enrique Urbizu. **1992. Acción mutante**, de Alex de la Iglesia. **1994. Los peores años de nuestra vida**, de Emilio Martínez Lázaro. **Sálvate si puedes**, de Joaquín Trincado. **Dos por dos**, de Eduardo Mencos. **1995. Matías, juez de línea**, de La Cuadrilla. **Así en el cielo como en la tierra**, de José Luis Cuerda. **El día de la bestia**, de Alex de la Iglesia. **Hola, ¿estás sola?**, de Icíar Bollaín. **1996. Brujas**, de Alvaro Fernández Armero. **Sólo se muere dos veces**, de Esteban Ibarretxe. **1997. Carne trémula**, de Pedro Almodóvar. **Grandes ocasiones**, de Felipe Vega. **Mucha sangre**, de Pepe de las Heras. **1998. Los años bárbaros**, de Fernando Colomo. **Pecata minuta**, de Ramón Barea. **La mujer más fea del mundo**, de Miguel Bardem *(proyecto)*. **Muertos de risa**, de Álex de la Iglesia.

• Ha protagonizado los siguientes **cortometrajes: «Mirindas asesinas**», de Alex de la Iglesia (1990); «**Habana Club**», de Ramón Barea; «**Ya vienen los Reyes**», de Luis Oliveros; «**1, 2, 3 taxi**», de Ricardo Aristeo (1997), y «**Lorca**», de Iñaki Elizalde.

• Además, ha trabajado para la **televisión** en las **series: Detrás del Sirimiri**, de Antxon Urrosolo; **Taller mecánico**, de Mariano Ozores (1991); **La mujer de tu vida (La mujer gafe)**, de Imanol Uribe (1994); **Villarriba y Villabajo**, de Luis García Berlanga (1994); **Periodistas**, de Daniel Ecija (1998).

• También para la **televisión**, ha intervenido en «EL PEOR PROGRAMA DE LA SEMANA», dirigido por Fernando Trueba.

• En cuanto al **teatro**, ha intervenido en la obra **Talgo con destino a Murcia (A bocados)**, junto a Natalia Dicenta.

Imanol Arias

IMANOL ARIAS

Nombre real: Manuel María Arias Domínguez.
Nacimiento: 26 de abril de 1956, en Riaño (León).

Aunque nace en Riaño, a los pocos días se traslada con su familia al País Vasco, pasando sus cinco primeros años en Eibar antes de irse a Ermua (Vizcaya), donde transcurre su adolescencia. Comienza a estudiar peritaje industrial en la especialidad de electrónica, al mismo tiempo que forma parte del teatro universitario en Eibar (Guipúzcoa). Esto le da ocasión de descubrir su verdadera vocación, trasladándose a Madrid a los diecinueve años. Su carrera comienza cuando ADOLFO MARSILLACH le contrata para integrar la compañía del Centro Dramático Nacional de Madrid. Debuta en el cine en 1976 con **«La Corea»**, pero hasta 1981 no trabaja con asiduidad en este medio. Sin abandonar el teatro, hace **«Laberinto de pasiones»**, **«Demonios en el jardín»** y **«Bearn o la sala de las muñecas»**. Consigue así una popularidad que se dispara en 1983 con **«La muerte de Mikel»** y, sobre todo, con la serie de televisión **«ANILLOS DE ORO»**, de Pedro Masó. Su siguiente película es **«Camila»**, que aunque no funciona muy bien en nuestro país, le

abre las puertas del mercado latinoamericano. En 1987 VICENTE ARANDA, con quien ya había trabajado en **«Tiempo de silencio»**, le ofrece uno de los papeles más logrados por el actor en **«El Lute (camina o revienta)»**, éxito que repetirán en 1988 con **«El Lute (mañana seré libre)»**. Y es precisamente en este año cuando IMANOL se estrena como director y guionista en **«Un instante en tu piel»**, capítulo correspondiente a la serie **«DELIRIOS DE AMOR»**. Con **«BRIGADA CENTRAL»**, de nuevo a las órdenes de Pedro Masó, consigue otro éxito televisivo encarnando a FLORES, un policía de raíces gitanas. Sigue moviéndose a caballo entre el cine y el teatro y debuta en 1995 como realizador cinematográfico con **«Un asunto privado»**, película de enrevesada intriga en la que dirige a la propia PASTORA VEGA. Su último gran éxito llega en 1997, de nuevo a través de la pequeña pantalla y en el personaje de MARIO, en **«QUERIDO MAESTRO»**. Unido sentimentalmente a la anteriormente citada PASTORA VEGA, con la que tiene un hijo. Antes, en 1978, había contraído matrimonio con la también actriz Socorro Anadón.

Impacto cinematográfico

IMANOL ARIAS es sin duda uno de los actores más carismáticos del reciente cine español, además de uno de los personajes más admirados del panorama artístico nacional. Su popularidad se debe en parte a la perfecta dosificación que hace de cine, televisión y teatro, lo que le ha permitido llegar a todo tipo de público. Además, cuenta en su haber con una gran cantidad de premios y distinciones. En 1982 recibe la Barandilla de Plata al mejor actor joven en el Festival Internacional de Cine de San Sebastián. Ese mismo año se le otorga el Premio A.C.E. (Críticos de Nueva York) al mejor «Supporting actor» por su trabajo en **«Demonios en el**

jardín». En 1987, su recreación de Eleuterio Sánchez en **«El Lute (camina o revienta)»** le proporciona una lluvia de premios: Mejor Actor en el Festival Internacional de Cine de San Sebastián, Fotogramas de Plata al mejor actor de cine y Premio «Onda Madrid». En 1989 recibe el Premio A.C.E. (Críticos de Nueva York) por su segunda parte, **«El Lute (mañana seré libre)»**. Ambas interpretaciones le valieron dos nominaciones a los Premios Goya, a los que también optó por **«A solas contigo»** e **«Intruso»**. Asimismo, ha visto recompensada su labor en teatro con el Fotogramas de Plata 1990 por **«Calígula»**, y en la pequeña pantalla con el Fotogramas de Plata 1997 por la exitosa serie **«QUERIDO MAESTRO»**.

Filmografía

1976. La Corea, de Pedro Olea. **1981. Cecilia**, de Umberto Solás. **1982. Laberinto de pasiones**, de Pedro Almodóvar. **Demonios en el jardín**, de Manuel Gutiérrez Aragón. **Bearn o la sala de las muñecas**, de Jaime Chávarri. **La colmena**, de Mario Camus. **1983. La muerte de Mikel**, de Imanol Uribe. **Camila**, de Mª Luisa Bemberg. **1984. Fuego eterno**, de José Angel Rebolledo. **1985. Luces de bohemia**, de Miguel Angel Díez. **1986. Tiempo de silencio**, de Vicente Aranda. **Lulú de noche**, de Emilio Martínez Lázaro. **Iniciativa privada**, de Antonio Farré. **Bandera negra**, de Pedro Olea. **1987. Divinas palabras**, de José Luis García Sánchez. **El Lute (camina o revienta)**, de Vicente Aranda. **1988. El Lute II (mañana seré libre)**, de Vicente Aranda. **1990.A solas contigo**, de Eduardo Campoy. **1991. Bienvenido a Veraz**, de Xavier Castaño. **1992. Una mujer**

bajo la lluvia, de Gerardo Vera. **Tango feroz**, de Marcelo Piñeiro. **Tierno verano de lujuria y azoteas**, de Jaime Chávarri. **1993. El amante bilingüe**, de Vicente Aranda. **Intruso**, de Vicente Aranda. **Arruinados**, de Joaquín Trincado. **1994. Todos los hombres sois iguales**, de Manuel Gómez Pereira. **Lazos**, de Alfonso Ungría (largometraje para la televisión). **Sálvate si puedes**, de Joaquín Trincado. **1995. La flor de mi secreto**, de Pedro Almodóvar. **La leyenda de Balthasar el castrado**, de Juan Miñón. **1996. Africa**, de Alfonso Ungría. **A tres bandas** (*The cuemaster*), de Enrico Coletti. **Ilona llega con la lluvia** (*Ilona arriva con la pioggia*), de Sergio Cabrera. **1997. Territorio comanche**, de Gerardo Herrero. **En brazos de la mujer madura**, de Manuel Lombardero. **Rigor mortis**, de Koldo Azkarreta. **Buenos Aires me mata**, de Beda Docampo Feijóo.

• En 1995 **dirige** Un asunto privado, protagonizada por Jorge Perugorría,

Pastora Vega y Antonio Valero.

• Junto a Ángela Molina, interviene en el **cortometraje** «Tengo algo que decirte», de Hervé Tirmarché (1985).

• Además, ha trabajado para la **televisión en las series: Cervantes**, de Alfonso Ungría (1979); **La plaza de Berkeley**, de Paco Abad (1979); **Juanita la larga**, de Eugenio Martín (1982); **Anillos de oro**, de Pedro Masó (1983); **Historias del otro lado (Mnemos)**, de Jose Luis Garci (1987); **Brigada Central**, de Pedro Masó (1988); **Brigada Central (2ª parte)**, de Pedro Masó (1990); **Arnau, los días secretos**, de Luis Mª Güell (1993); **Los ladrones van a la oficina**, de Tito Fernández (1993), y **Querido maestro**, de Julio Sánchez Valdés (1997) (versión española de la serie italiana *Caro maestro*).

• También para la **televisión**, realiza en 1988 la labor de director y guionista del capítulo «UN INSTANTE EN TU PIEL» de la serie **Delirios de amor**.

Imanol Arias

- En 1993 hace el papel de anfitrión en la ceremonia de entrega de los Premios Goya. En 1994 realiza la misma función en la ceremonia de entrega de los Fotogramas de Plata.

- En cuanto al **teatro**, ha representado las siguientes obras: **El relevo** de Gabriel Celaya, dirigido por Juan Ortega (1973); **Fando y Lis** de Arrabal, dirigido por el propio autor (1974); **Tres sombreros de copa** de Mihura, dirección de Juan Ortega (1974); **Lisistrata** de Aristófanes (1975); **Esperando a Godot** de Samuel Beckett, dirigido por Ana Gorostiza (1975); **La madre** de Gorki, bajo la dirección de Juan Ortega (1975); **La vida es sueño** de Calderón, dirigido por José Tamayo (1976); **Los cuernos de Don Friolera** de Valle Inclán, bajo las órdenes de José Tamayo (1976); **Voces de gesta** de Valle Inclán, dirigido por Pedro Felipe (1976); **Los gigantes de la montaña**, dirigido por Miguel Narros (1977); **Las bodas que fueron famosas del pingajo y la fandanga** de Rodríguez Méndez, bajo la dirección de José Luis Gómez (1978); **Retrato de dama con perrito** de Luis Riaza, bajo las órdenes de José Luis Gómez (1979); **Sopa de pollo con cebada** de A. Wesker, dirigido por Segarra y Montanyes (1979); **Sueño de una noche de verano** de Shakespeare, bajo la dirección de David Perry (1980); **La comedia sin título** de Lorca, dirigido por Lluis Pasqual (1988); **Calígula** de Albert Camus, dirigido por José Tamayo (1989); **Calígula** de Albert Camus, bajo las órdenes de José Tamayo (1994); **Lorca**, dirección de Cristina Rota (Compañía Nuevo Repertorio) (1998).

Neus Asensi

NEUS ASENSI

Nombre real: Neus Asensi Liñán.
Nacimiento: 4 de agosto de 1965, en Barcelona.

Siendo sus padres pintores (él de arte abstracto y ella figurativa), tuvo desde muy joven la idea de ser actriz, por lo que estudió, además del BUP, danza, doblaje, idiomas y arte dramático. Debutó profesionalmente en el Teatro Arnau de Barcelona en 1985 y a principios de los noventa se convirtió en una cara muy familiar para los telespectadores españoles, al aparecer en múltiples telecomedias y desarrollar un personaje fijo en **«Habitación 503»**, **«La banda de Pérez»** y **«Todos los hombres sois iguales»**. En 1993 comienza a trabajar en la industria cinematográfica, interviniendo en el film de Juan Miñón **«Supernova»**, realizado fundamentalmente para apoyar la carrera como cantante de Marta Sánchez. Luego, en 1995, rueda bajo la dirección de

Impacto cinematográfico

Tras intervenir en un gran número de telecomedias, con las que alcanzó una cierta popularidad en nuestro país, comenzó en la presente década a intervenir, tanto en películas muy comerciales como **«Suspiros de España y Portugal»** como en otras poco populares, como es el caso de **«Tabarka»**. Ahora bien, al desarrollar en 1996 el papel de «La Coneja» en la película **«Brujas»**, así como el de la típica chacha de los años 50 en **«La herida luminosa»**, dirigida por

José Luis García Sánchez el conocido largometraje **«Suspiros de España y Portugal,** cuyo éxito comercial origina dos años después la realización de una segunda parte, también dirigida por García Sánchez, que se tituló **«Siempre hay un camino a la derecha».** También en 1997, Neus Asensi logra protagonizar su primer largometraje, **«Tabarka»**, de Domingo Rodes, en el que encarnó a una infeliz mujer casada, Carmen, que vive una apasionada historia de amor con un activista político de los años sesenta, que se refugia en una isla del Mediterráneo para huir, tanto de la policía como de sus propios compañeros que le consideran un traidor. Tras intervenir como «la criada» en **«La herida luminosa»**, de José Luis Garci, Neus Asensi afronta en 1998 un papel, el de Amparito, en la película **«Torrente, el brazo tonto de la ley»,** que la llevará al estrellato, al convertirse este título en el más taquillero de la historia del cine español.

Garci en 1997, logra impactar de forma notable en el público español, fortaleciendo aún más esta popularidad con el supertaquillero film **«Torrente, el brazo tonto de la ley».** No es extraño, por tanto, que Fernando Trueba le confíe en su película **«La niña de tus ojos»** el papel de Lucía Gandía, una actriz secundaria de la troupe de actores españoles que en el 38 ruedan una película en Berlín, que mueve muchas pasiones, envidias y frustraciones. Santiago Segura ha dicho de Neus Asensi que es una actriz que puede hacer cualquier cosa. Esta es, a nuestro juicio, una definición acertada.

Filmografía

1992. Supernova, de Juan Miñón. **1995. Suspiros de España y Portugal,** de José Luis García Sánchez. **1996. Brujas,** de Álvaro Fernández Armero. **1997. Tabarka,** de Domingo Rodes. **Siempre hay un camino a la derecha,** de José Luis García Sánchez. **La herida luminosa,** de José Luis Garci. **1998. Torrente, el brazo tonto de la ley,** de

Santiago Segura. **La niña de tus ojos,** de Fernando Trueba.

• También ha intervenido en el cortometraje **«Perturbado»,** de Santiago Segura (1993).

• Para la **televisión** ha intervenido en las **series: Taller mecánico,** de Mariano Ozores (1991); **Colegio Mayor,** de Rafael Moleón (1993); **Los ladrones van a la oficina,** de Tito Fernández (1993); **Habitación 503,** de Pedro Amalio

López (1993); **¡Ay Señor, Señor!,** de Julio Sánchez Valdés (1994); **Hermanos de leche,** de Carlos Serrano (1994); **Villarriba y Villabajo,** de Luis García Berlanga (1994); **Todos los hombres sois iguales,** de Jesús Font (1996); **La banda de Pérez,** de Ricardo Palacios, Roberto Bodegas y José Luis Mateo (1997), y **Ana y sus hermanas,** de Chus Gutiérrez (1998).

Antonio Banderas

ANTONIO BANDERAS

Nombre real: José Antonio Domínguez Banderas.
Nacimiento: 8 de octubre de 1960, en Málaga.

Hijo de un comisario de policía y de una maestra, se inicia como actor en la Escuela de Arte Dramático de Málaga. Empieza su carrera profesional en el teatro independiente con giras por toda España y en 1981 se traslada a Madrid, alternando el oficio de actor con los de acomodador y luminotécnico. El director teatral LLUIS PASCUAL le introduce en el Centro Dramático Nacional, donde trabaja durante 5 años actuando en obras como **Eduardo II de Inglaterra** o **Las hijas del aire**. Es presentado por IMANOL ARIAS a PEDRO ALMODÓVAR quien, en 1982, le ofrece un papel en **«Laberinto de pasiones»**. Con **«Réquiem por un campesino español»** (su primer protagonista) y **«La corte de faraón»** se convierte ya en una destacada figura de nuestro cine, consolidándose como tal en **«Matador»** (1986), donde vuelve a encontrarse con el director manchego. Con él hará también **La ley del deseo»** (uno de los trabajos más brillantes del actor), **«Mujeres al borde de un ataque de nervios»** y **«¡Átame!»**. En 1991 debuta en el cine americano con **«Los reyes del mambo»** (renunciando por ello a **«Tacones lejanos»**) a la que seguirá **«Philadelphia»** de JONATHAN DEMME, junto a TOM HANKS. Es requerido por FRANCIS FORD COPPOLA para su «Drácula», quedando este proyecto en simple anécdota; más tarde, interpretará un personaje similiar en **«Entrevista con el vampiro»** (1994) de NEIL JORDAN. Dos años después, rueda **«Desperado»** con ROBERT RODRÍGUEZ y ya dentro del mercado cinematográfico americano, tras el éxito de **«Two much»** a las órdenes de FERNANDO TRUEBA, comparte cartel con SYLVESTER STALLONE en **«Asesinos»**. Ese mismo año, ALAN PARKER le elige para interpretar, junto a MADONNA, a un cantante de tangos en **«Evita»**. Y en **«La máscara del Zorro»** (1997), producida por STEVEN SPIELBERG, da la réplica al genial ANTHONY HOPKINS. Junto a su actual mujer, la actriz MELANIE GRIFFITH (con la que tiene una hija) ha fundado su propia productora: GREEN MOON, con el fin de llevar a cabo proyectos de presupuesto medio. Antes, en 1987, había contraído matrimonio con la también actriz Ana Leza. Con la citada productora, Green Moon, ANTONIO BANDERAS ha debutado **en la dirección** con el film **«Crazy in Alabama»**, que ha protagonizado la propia Melanie Griffith.

Impacto cinematográfico

Hoy definido como la *«nueva forma de entender el latin lover»*, ANTONIO BANDERAS se hizo pronto con el reconocimiento a su buen hacer. En 1985 se le otorga el Fotogramas de Plata al mejor actor de cine, galardón que vuelve a recibir en 1989 y 1990, este último por **«¡Átame!»**, **«La blanca paloma»** y **«Contra el viento»**. Queda como finalista al mejor actor de televisión en este mismo año, así como al mejor actor de cine en 1992, 1993 y 1995. Ha recibido también tres nominaciones a los Premios Goya por **«Matador»** (1986), **«¡Átame!»** (1990) y **«Two much»** (1996). Bautizado como el *«nuevo Rodolfo Valentino»*, está ya considerado toda una estrella en Hollywood.

Filmografía

1982. Laberinto de pasiones, de Pedro Almodóvar. **Pestañas postizas**, de Enrique Belloch. **1983. Del seguro, líbranos señor**, de Antonio del Real. **El señor Galindez**, de Rodolfo Kuhn. **El caso Almería**, de Pedro Costa Musté. **1984. Los zancos**, de Carlos Saura. **1985. Réquiem por un campesino español**, de Francesc Betriú. **La corte de faraón**, de José Luis García Sánchez. **Caso cerrado**, de Juan Caño. **1986. Matador**, de Pedro Almodóvar. **Puzzle**, de Luis J. Comeron. **Así como habían sido**, de Andrés Linares. **Veintisiete horas**, de Montxo Armendáriz. **1987. La ley del deseo**, de Pedro Almodóvar. **El acto**, de Héctor Faver. **1988. El placer de matar**, de Félix Rotaeta. **Mujeres al borde de un ataque de nervios**, de Pedro Almodóvar. **Baton Rouge**, de Rafael Moleón. **1989. Bajarse al moro**, de Fernando Colomo. **Sí te dicen que caí**, de Vicente Aranda. **La blanca paloma**, de Juan Miñón. **1990. ¡Átame!**, de Pedro Almodóvar. **Contra el viento**, de Francisco Periñán. **1991. En la cama** con Madonna (*Truth or date: in bed with Madonna*), de Alek Keshishian. **Los reyes del mambo tocan canciones de amor** (*The Mambo Kings*), de Arne Glimcher. **1992. Una mujer bajo la lluvia**, de Gerardo Vera. **Terra Nova**, de Calógero Salvo. **1993. Philadelphia** (*Philadelphia*), de Jonathan Demme. **La casa de los espíritus** (*The house of spirits*), de Bille August. **¡Dispara!**, de Carlos Saura. **1994. Entrevista con el vampiro** (*Interview with the vampire*), de Neil Jordan. **De amor y sombra** (*Love and shadows*), de Betty Kaplan. **1995. Miami** (*Miami Rhapsody*), de David Frankel. **Cuatro habitaciones** (*Four rooms*), de Allison Anders, Robert Rodríguez, Alexandre Rockwell y Quentin Tarantino. **Nunca hables con extraños** (*Never talk to strangers*), de Peter Hall. **1996. Desperado**, de Robert Rodríguez. **Two much**, de Fernando Trueba. **Asesinos** (*Assasins*), de Richard Donner. **Evita** (*Evita*), de Alan Parker. **1997. La máscara del Zorro** (*The mask of Zorro*), de Martin Campbell. **1998. Eaters of the dead**, de John McTiernan.

• Además, ha trabajado para la televisión en las series: **Fragmentos de interior**, de Francisco Abad (1984); **Delirios de amor**, de Félix Rotaeta (1986); **La mujer de tu vida (La mujer feliz)**, de José Miguel Ganga (1989); **Cuentos de Borges (La otra historia de Rosendo Juárez)**, de Gerardo Vera (1991); y **El joven Mussolini** (*Il giovane Mussolini*), de Gianluigi Calderone (1992).

• También para la **televisión**, rueda el anuncio de un cava español junto a Sharon Stone a la que también presenta, en la Ceremonia de los Oscar de 1991, el galardón correspondiente a los mejores efectos de sonido. Más adelante será requerido como presentador, en otras ocasiones, por la Academia de Hollywood.

• En **teatro** debuta con **La historia de los Tarantos** de Alfredo Mañas, dirigida por Luis Balaguer. Luego vendrán: **La hija del aire** de Calderón, dirección de Lluis Pascual; **La ciudad y los perros** (1982); **Eduardo II de Inglaterra**, dirigida por Lluis Pascual (1984); y **5 Lorcas 5**, bajo la dirección de Lluis Pascual (1986).

Javier Bardem

JAVIER BARDEM

Nombre real: Javier Encinas Bardem.
Nacimiento: 1 de marzo de 1969, en Las Palmas (Canarias).

Vinculado a una de las familias más destacadas del cine español, reside en Madrid desde los dos años de edad haciendo, desde los cuatro, pequeños papeles en teleseries. Debido a la separación de sus padres se cría sólo con su madre, la estupenda actriz PILAR BARDEM, y comienza a estudiar Bellas Artes abandonándolo pronto para entrar en una empresa de diseño publicitario. Juega al *rugby* durante trece años (llegó a formar parte de la selección española), también boxea y hace levantamiento de pesas. En cuanto al cine, no tiene ninguna intención de trabajar en él; acude a los *casting* para sacarse las 3.000 pesetas por hacer de extra. Aún así, interpreta pequeños papeles en las series de televisión **«SEGUNDA ENSEÑANZA»** y **«BRIGADA CENTRAL»**, ambas de PEDRO MASÓ y a los 20 años debuta en la pantalla grande con un papel secundario en **«Las edades de Lulú»**, iniciándose así una intensa relación profesional con BIGAS LUNA, del que es actor fetiche. En 1991, PEDRO ALMODÓVAR cuenta con él para sus **«Tacones lejanos»** y otro tanto le ocurre con EMILIO MARTÍNEZ LÁZARO y su **«Amo tu cama rica»**. Tras participar en el reparto de la serie televisiva **«EL LABERINTO»** y aparecer durante seis meses en el programa de Pepe Navarro «EL DÍA POR DELANTE», Bigas Lunas piensa de nuevo en él para el personaje de RAÚL en **«Jamón, jamón»** (1992), película que le confirma como gran promesa de nuestro cine. Un año más tarde vuelven a trabajar juntos en **«Huevos de oro»**, tras un paréntesis a las órdenes de VICENTE ARANDA con **«El amante bilingüe»**. **«Días contados»** de IMANOL URIBE y **«El detective y la muerte»** de GONZALO SUÁREZ han sido su confirmación como estrella. En **«Boca a boca»** (1995) de MANUEL GÓMEZ PEREIRA, en la piel de un actor que se gana la vida en una línea erótica, se permite el lujo de exhibir su *vis cómica*, algo de lo que podemos disfrutar ese mismo año en el corto **«LA MADRE»**, que interpreta junto a Pilar Bardem y a las órdenes de su primo Miguel. Nos regala un auténtico duelo interpretativo con FEDERICO LUPPI, su «padre» en la ficción, en **«Éxtasis»**, segunda película de MARIANO BARROSO. Y, tras hacerle un guiño al espectador en **«El amor perjudica seriamente la salud»** de nuevo a las órdenes de MANUEL GOMEZ PEREIRA, en 1997 se aventura con ÁLEX DE LA IGLESIA y **«Perdita Durango»** dando vida a un temible pistolero mexicano. ALMODÓVAR vuelve a llamarle para engrosar el reparto de **«Carne trémula»** en el papel de DAVID, un ex-policía parapléjico que juega al baloncesto en silla de ruedas. En 1998 vuelve a meterse en la piel de un policía en la película **«The dancer upstairs»**, debut en la dirección del actor JOHN MALKOVICH. A su trabajo como actor le ha añadido la creación, con unos amigos, de una productora cuyo primer cortometraje, **«Planeta extraño»**, está dirigido por Pedro Jiménez.

Impacto cinematográfico

Heredero del prototipo de los *«grandes brutos nobles y atractivos»* del cine, a lo Belmondo o Depardieu, JAVIER BARDEM es hoy una promesa hecha realidad. Aunque la mayoría de sus personajes son hombres primarios y tenebrosos, con un marcado tinte erótico, nos ha demostrado también una gran versatilidad a través de sus películas. Ya en 1993 recibe, *ex aequo* con Penélope Cruz, el Premio Ondas de Cine por *«su fulgurante irrupción en el panorama interpretativo español»*. Ese mismo año se reconoce su estupenda labor en **«Jamón, jamón»** con el Premio de la Unión de Actores y el Premio Sant Jordi de Cinematografía de la Generalitat de Cataluña. Un año antes había sido nominado en los Premios Goya y quedado finalista en los Fotogramas de Plata por este mismo papel. Tras obtener el Fotogramas de Plata al mejor actor por **«Huevos de oro»** (siendo también nominado en los Premios de la Academia), llega en 1994 la película **«Días contados»** por la que recibe el Premio Goya al mejor actor de reparto y el Premio de la Unión de Actores a la mejor interpretación de carácter secundario, así como la Concha de Plata al mejor actor y el Galardón FERNANDO REY al mejor actor europeo de reparto, ambos en el Festival de San Sebastián. Con **«Boca a boca»** (1995) consigue el Premio Goya y el Fotogramas de Plata al mejor actor de cine. En 1997 recibe el Premio del Público al Mejor Actor en los Premios Europeos de Cine y el Fotogramas de Plata al mejor actor de cine por **«Perdita Durango»** y **«Carne trémula»**, siendo también por esta última nominado en los Premios Goya y en los Premios de la Unión de Actores. Bautizado como un *«animal cinematográfico que llena la pantalla con su sola aparición»*, es uno de los rostros imprescindibles para entender el cine español de los 90.

Filmografía

1990. Las edades de Lulú, de Bigas Luna. **1991. Tacones lejanos**, de Pedro Almodóvar. **Amo tu cama rica**, de Emilio Martínez Lázaro. **1992. Jamón, jamón**, de Bigas Luna. **Huidos**, de Sancho Gracia. **1993. El amante bilingüe**, de Vicente Aranda. **Huevos de oro**, de Bigas Luna. **1994. Días contados**, de Imanol Uribe. **El detective y la muerte**, de Gonzalo Suárez. **1995. Boca a boca**, de Manuel Gómez Pereira. **Extasis**, de Mariano Barroso. **1996. El amor perjudica seriamente la salud**, de Manuel Gómez Pereira. **1997. Perdita Durango**, de Alex de la Iglesia. **Carne trémula**, de Pedro Almodóvar. **1998. Torrente, el brazo tonto de la ley**, de Santiago Segura. **The dancer upstairs**, de John Malkovich. **Entre las piernas**, de Manuel Gómez Pereira. **Estrellas de la noche** (que también podría titularse **Los lobos de Washington**), de Mariano Barroso *(proyecto)*.

• Junto a Pilar Bardem ha protagonizado el **corto «La madre»**, de Miguel Bardem (1995), ganador del Premio Goya al Mejor cortometraje de ficción de ese año. También ha intervenido en el corto **«Brain»**.

• Además, ha trabajado para la **televisión** en las **series: Segunda enseñanza**, de Pedro Masó (1985); **Brigada Central**, de Pedro Masó; **Supercam**; **Tango**; y **El laberinto**.

• También para la **televisión**, interviene en el programa de Pepe Navarro «EL DÍA POR DELANTE», donde hace el papel de *Superman*.

María Barranco

MARIA BARRANCO

Nombre real: María Magdalena de los Remedios Barranco García.
Nacimiento: 11 de junio de 1960, en Málaga.

MARÍA BARRANCO tiene su primer contacto con la interpretación en un montaje de la Escuela de Arte Dramático de Málaga: **La historia de los Tarantos**. Hace giras por los pueblos de esta ciudad con la Compañía Dintel y en 1981 se viene a Madrid, dejando a medias la carrera de Medicina. Obtiene un pequeño papel en la obra de teatro **La venganza de Don Mendo** de GUSTAVO PÉREZ PUIG, trabajando al mismo tiempo en la televisiva «ANTOLOGÍA DE LA ZARZUELA». Realiza pequeñas intervenciones (apenas de una frase) en la pantalla grande, y en 1988 consigue su gran oportunidad cinematográfica con **«Mujeres al borde de un ataque de nervios»** de PEDRO ALMODÓVAR, a través de un personaje pensado en un principio para Victoria Abril. Su interpretación en esta película le proporciona el despegue inmediato, y en 1990 la vemos transformada en un *travesti* en la polémica **«Las edades de Lulú»** de BIGAS

Impacto cinematográfico

Generalmente actriz de comedia, donde se siente como pez en el agua, MARÍA BARRANCO es hoy uno de los nombres clave del cine español. En 1988 recibe el Premio Onda Madrid por su trabajo en **«Mujeres al borde de un ataque de nervios»**, papel por el que se le otorga también el Premio Goya como mejor actriz de reparto. Es nominada en la siguiente edición (y en la misma categoría) por **«Las cosas del querer»**. En 1990 se premia de nuevo su labor con el Goya a la mejor actriz de reparto, esta vez por **«Las edades**

LUNA. Este mismo año lleva a la televisión su primer papel dramático en la serie **«LA FORJA DE UN REBELDE»** de MARIO CAMUS, al tiempo que participa en el reparto de **«La mujer inesperada»** de FERNANDO TRUEBA (capítulo de la serie **«LA MUJER DE TU VIDA»**). Junto a ANA BELÉN aparece como echadora de cartas en **«Rosa, rosae»** de FERNANDO COLOMO, y en **«El palomo cojo»** (1995) de JAIME DE ARMIÑÁN, nos sorprende gratamente con una interpretación muy distinta a lo hecho con anterioridad. Un año más tarde, IMANOL URIBE le da su primer protagonista en **«Bwana»**, para muchos su mejor trabajo desde **«Mujeres al borde de un ataque de nervios»**. Ya definida como una actriz «todoterreno» se lanza de lleno al drama de la mano de AGUSTÍN VILLARONGA y su «paranormal» **«99.9»** (1997). Tras esto, se inicia en el mundo de las teleseries con **«SEÑOR ALCALDE»**, donde encarna a VIRGINIA, concejala rival política del nuevo alcalde del pueblo. Unida sentimentalmente al director de cine IMANOL URIBE, con el que tiene una hija.

de Lulú», interpretación por la que queda también finalista en los Fotogramas de Plata de ese mismo año. Recibe en 1991 el Premio a la mejor actriz, concedido por el Festival de Cine de Viareggio, por su trabajo en **«Todo por la pasta»**, siendo asimismo nominada al Premio Goya como mejor actriz de reparto gracias a **«El rey pasmado»**. Y con **«La ardilla roja»** (1993) consigue una nueva nominación de la Academia. En 1996 su primer protagonista en **«Bwana»** le hace merecedora del Premio a la mejor actriz concedido por el Festival de Cine Hispano de Miami. También posee el Premio Faro de Plata del Festival de Cine de Alfas del Pi.

Filmografía

1985. El elegido, de Fernando Huertas. **1986. Pasos largos**, de Rafael Moreno Alba. **1987. Tu novia está loca**, de Enrique Urbizu. **1988. Mujeres al borde de un ataque de nervios**, de Pedro Almodóvar. **En el jardín**, de Antonio Chavarrías. **1989. Una sombra en el jardín**, de Enrique Urbizu. **Las cosas del querer**, de Jaime Chávarri. **El baile del pato**, de Manuel Iborra. **Fool's mate**, de Matthieu Carrière. **1990. ¡Átame!**, de Pedro Almodóvar. **Don Juan, mi querido fantasma**, de Antonio Mercero. **Las edades de Lulú**, de Bigas Luna. **1991. Aquí, el que no corre, vuela**, de Tito Fernández. **Todo por la pasta**, de Enrique Urbizu. **El rey pasmado**, de Imanol Uribe. **1992. El juego de los mensajes invisibles**, de Juan Pinzás. **1993. Rosa, rosae**, de Fernando Colomo. **La ardilla roja**, de Julio Medem. **Arruinados**, de

Joaquín Trincado. **1994. Todos los hombres sois iguales**, de Manuel Gómez Pereira. **Sálvate si puedes**, de Joaquín Trincado. **Cuernos de mujer**, de Enrique Urbizu. **Siete mil días juntos**, de Fernando Fernán-Gómez. **El seductor**, de José Luis García Sánchez. **1995. Morirás en Chafarinas**, de Pedro Olea. **Boca a boca**, de Manuel Gómez Pereira. **El efecto mariposa**, de Fernando Colomo. **El palomo cojo**, de Jaime de Arminán. **1996. Bwana**, de Imanol Uribe. **1997. 99.9**, de Agustí Villaronga. **1998. Novios**, de Joaquín Oristrell. **La niña de tus ojos,** de Fernando Trueba. **Solas,** de Benito Zambrano.

• Además, ha trabajado para la televisión en las **series: La mujer de tu vida (La mujer inesperada)**, de Fernando Trueba (1990); **La forja de un rebelde**, de Mario Camus (1990); **La mujer de tu vida (La mujer cualquiera)**, de Jose Luis García Sánchez (1994); **Señor**

alcalde (1997), y **Ana y sus hermanas,** de Chus Gutiérrez (1998).

• También para la **televisión**, ha presentado los programas: «AMOR A PRIMERA VISTA», de José María Mainat; y «ADIVINA QUIÉN VIENE ESTA NOCHE» (para el Canal Sur). Interviene, asimismo, en la televisiva «ANTOLOGÍA DE LA ZARZUELA» y actúa como azafata del programa-concurso «GOL Y AL MUNDIAL 82».

• En 1994 realiza la función de maestra de ceremonias de los Premios Goya.

• En cuanto al **teatro**, ha representado las siguientes obras: **La venganza de Don Mendo** de Pedro Muñoz Seca, dirección de Gustavo Pérez Puig; **Los ladrones somos gente honrada**, bajo la dirección de Montesinos; **Los árboles mueren de pie**, dirigida por Javier Osuna; y **Algo en común** de Harvey Fierstein, dirigida por Paco Pino (1996).

Ana Belén

ANA BELÉN

Nombre real: María del Pilar Cuesta Acosta.
Nacimiento: 27 de mayo de 1950, en Madrid.

A los catorce años gana un concurso radiofónico de canciones, circunstancia que le lleva a realizar unas pruebas de cine en blanco y negro para LUIS LUCIA con el nombre artístico de MARÍA JOSÉ, debutando en la gran pantalla junto a FERNANDO REY en **«Zampo y yo»** (1965). Cursa Arte Dramático bajo la dirección de MIGUEL NARROS en el Teatro Estudio de Madrid, y trabaja simultáneamente en el cine y en los escenarios dejando a un lado el mundo de la canción, que retomará más adelante. A los 16 años rechaza la propuesta de VICENTE ARANDA para «El cadáver exquisito» (estrenada como «Las crueles»), en favor de la oferta teatral de Doña Inés en **Don Juan Tenorio.** GONZALO SUÁREZ la elige para su **«Morbo»** (1971) coincidiendo en el reparto con un joven VÍCTOR MANUEL, con el que inicia una relación sentimental. Reemprende con éxito su carrera musical con Víctor de autor, arreglista y productor, y aunque el cine pasa a un segundo plano hace películas como **«El amor del capitán Brando», «La petición»** y **«Sonámbulos».** En 1979 es nombrada mejor cantante femenina española y en 1980 consigue un gran éxito televisi-

Impacto cinematográfico

Niña prodigio del cine español, desde el principio de su carrera ha dividido su actividad profesional entre el cine, el teatro, la televisión y la canción. En 1971, se le otorga el Fotogramas de Plata por su labor televisiva y en 1979 se le vuelve a conceder este premio por su actividad musical. Recibe de nuevo este galardón en 1980 por su interpretación en la serie de televisión **«FORTUNATA Y JACINTA»,** y es nominada en los Premios Goya por **«Miss Caribe»** (1988) y **«El vuelo de la paloma»** (1989). Su tercera nominación a

Filmografía

1965. Zampo y yo, de Luis Lucia. **1970. Españolas en París,** de Roberto Bodegas. **1971. Aunque la hormona se vista de seda,** de Vicente Escrivá. **Morbo,** de Gonzalo Suárez. **1972. Al diablo con amor,** de Gonzalo Suárez. **1973. Separación matrimonial,** de Angelino Fons. **Vida conyugal sana,** de Roberto Bodegas. **1974. Tormento,** de Pedro Olea. **El amor del capitán Brando,** de Jaime de Armiñán. **1975. Jo, papá,** de Jaime de Armiñán. **1976. Emilia, parada y fonda,** de Angelino Fons. **La petición,** de Pilar Miró. **El buscón,** de Luciano Berriatúa. **1977. La criatura,** de Eloy de la Iglesia. **La oscura historia de la prima Montse,** de Jordi Cárdenas. **Sonámbulos,** de Manuel Gutiérrez Aragón. **1978. Jaque a la dama,** de Francisco Rodríguez. **1979. Cuentos eróticos** (sketch de Emma Cohen). **1980. Dolores,** de José Luis García Sánchez (voz). **1982. Demonios en el jardín,** de Manuel Gutiérrez

vo con la serie de MARIO CAMUS **«FORTUNATA Y JACINTA».** Tras hacer en 1982 **«Demonios en el jardín»** y **«La colmena»,** se aparta tres años de la gran pantalla, dando prioridad a las galas discográficas y al teatro. Vuelve al cine en 1985 con **«La corte de faraón»** y **«Sé infiel y no mires con quién»,** y en 1991 dirige su primera película: **«Cómo ser mujer y no morir en el intento»,** basada en el libro del mismo título de CARMEN RICO GODOY. Dos años más tarde hace **«Tirano Banderas»** de JOSÉ LUIS GARCÍA SÁNCHEZ, con quien ya había colaborado sobre otra obra de Valle-Inclán: **«Divinas palabras».** En **«La pasión turca»** (1994), inspirada en la novela homónima de Antonio Gala, interpreta a las órdenes de VICENTE ARANDA a Desideria, una mujer que lo tiene todo menos la pasión. Y en **«Libertarias»** (1996) comparte protagonismo con VICTORIA ABRIL y ARIADNA GIL, esta vez como una miliciana anarquista y luchadora. Tras realizar una prueba sin éxito para la «Evita» de OLIVER STONE, hace **«El amor perjudica seriamente la salud»** de MANUEL GÓMEZ PEREIRA, donde da vida a una mujer fuerte, que sabe lo que quiere, junto a JUANJO PUIGCORBÉ. Casada desde 1972 con el cantante VÍCTOR MANUEL, Ana Belén sigue cosechando éxitos en el mundo de la canción.

los Premios de la Academia recae en la categoría de mejor director novel por **«Cómo ser mujer y no morir en el intento»** (1991). Finalista a los Fotogramas de Plata en 1992 como intérprete teatral por **El mercader de Venecia,** lo consigue finalmente en 1995 por la obra de teatro **La bella Helena.** En 1994 se le otorga el Fotogramas de Plata a la mejor actriz de cine por **«La pasión turca»,** interpretación por la que es también nominada en los Premios Goya. Asimismo, le ha sido concedido el Premio Faro de Plata en el Festival de Cine de Alfás del Pi y la Medalla de Oro de la Academia del Cine correspondiente a 1995.

Aragón. **La colmena,** de Mario Camus. **1985. La corte de faraón,** de José Luis García Sánchez. **Sé infiel y no mires con quién,** de Fernando Trueba. **1986. Adiós pequeña,** de Imanol Uribe. **1987. La casa de Bernarda Alba,** de Mario Camus. **Divinas palabras,** de José Luis García Sánchez. **1988. Miss Caribe,** de Fernando Colomo. **1989. El vuelo de la paloma,** de José Luis García Sánchez. **1992. Después del sueño,** de Mario Camus. **El marido perfecto,** de Beda Docampo Feijoo. **1993. Rosa, rosae,** de Fernando Colomo. **Tirano Banderas,** de José Luis García Sánchez. **1994. La pasión turca,** de Vicente Aranda. **1996. Libertarias,** de Vicente Aranda. **El amor perjudica seriamente la salud,** de Manuel Gómez Pereira.

• En **1991 dirige «Cómo ser mujer y no morir en el intento»,** que obtiene en los Premios Goya de ese año la nominación al mejor director novel, y que es incluída en un ciclo dedicado a las «Realizadoras de los 90» perte-

ciente al I Festival de Cine Español de Málaga (29 de Mayo - 6 de Junio de 1998).

• Además, ha trabajado para la **televisión** en las **series: Crimen y castigo; Los caprichos de Mariana; La pequeña Dorrit,** de Pilar Miró; **Fortunata y Jacinta,** de Mario Camus (1980).

• En cuanto al **teatro,** ha representado las siguientes obras: **Numancia** de Miguel de Cervantes; **El Rey Lear** de William Shakespeare; **El burlador de Sevilla; Las mujeres sabias; Don Juan Tenorio** de José Zorrilla, dirección de Miguel Narros; **El sí de las niñas; Antígona; Hamlet** de William Shakespeare, dirigida por José Carlos Plaza (1991); **El mercader de Venecia** (1992); **Las mocedades del Cid** de Guillén de Castro; **El tío Vania** de Chejov; **La hija del aire** de Calderón de la Barca; **Sabor a miel; La casa de Bernarda Alba** de Federico García Lorca; **La bella Helena** (1995); **Lorca,** dirección de Cristina Rota (Compañía Nuevo Repertorio) (1998).

Leire Berrocal

LEIRE BERROCAL

Nombre real: Leire Berrocal Expósito.
Nacimiento: 14 de noviembre de 1973, en Bilbao.

Abandona la carrera de Periodismo por el Séptimo Arte donde, tras estudiar interpretación con diferentes directores teatrales, es descubierta por NICK HAMM en **«Talk of**

Impacto cinematográfico

Prometedora actriz de nuestro cine más reciente, LEIRE BERROCAL consigue en **«Éxtasis»** el reconocimiento a su

angels» (1995). Ese mismo año, debuta en las pantallas españolas junto a JAVIER BARDEM en **«Extasis»** de MARIANO BARROSO, y en 1996 rueda en Cuba **«Calor»,** esta vez arropada por FERNANDO GUILLÉN CUERVO. En **«Cuestión de suerte»** de RAFAEL MOLEÓN, comparte cartel con ANNA GALIENA y EDUARDO NORIEGA.

labor profesional. Con una natural facilidad para transmitir los más profundos sentimientos, se ha hecho ya un hueco en nuestra cinematografía.

Filmografía

1995. Talk of angels, de Nick Hamm. **Extasis**, de Mariano Barroso. **1996. Calor y celos**, de Javier Rebollo. **Cuestión de suerte**, de Rafael Moleón. **1998. Malditas pasiones,** de Dionisio Pérez Galindo *(proyecto).*

• Junto a Daniel Guzmán, ha protagonizado el **cortometraje «Entrevías»,** de Mariano Barroso. También ha intervenido en los siguientes cortos: **«Pasaia»,** de Mikel Aguirresarobe; **«Cien maneras de hacer el pollo al txilindrón»,** de Kepa Sojo; y **«Un vínculo»,** de Carlos Muguiro (1997).

• Además, ha trabajado para la **televisión** en las siguientes **series: Las memorias de Karbo Vantas**, con Javier Ibarretxe; y **Más que amigos**, de Daniel Ecija, Guillermo Fernández y Manuel Valdivia (1997).

Icíar Bollaín

ICÍAR BOLLAÍN

Nombre real: Icíar Bollaín Pérez-Mínguez.
Nacimiento: 12 de mayo de 1967, en Madrid.

Tras ser descubierta a los 15 años por VÍCTOR ERICE en la película **«El Sur»**, comienza a estudiar Bellas Artes dejándolo pronto por la gran pantalla. Su tío, el director de cine JUAN BOLLAÍN, la dirige en **«Las dos orillas»** en la que actúa también su hermana Marina, coincidiendo de nuevo los tres en **«Dime una mentira»** (1992). CHUS GUTIÉRREZ cuenta con ella este mismo año como protagonista absoluta de **«Sublet»**, una historia de soledad y desesperanza. Nace aquí su amistad con la mencionada directora, apareciendo ésta en sus cortos y haciendo ICIAR el papel de ayudante de dirección en «Sexo oral» (1994). En 1995 trabaja con el director británico KEN LOACH en **«Tierra y libertad»,** film entorno a la Guerra Civil Española en el que encarna a una miliciana. Ese mismo año debuta como directora con **«Hola, ¿estás sola?»**, historia de dos chicas jóvenes (interpretadas por CANDELA PEÑA y SILKE) que salen de viaje con el fin de buscarse la vida. Interesada por todo el proceso de elaboración de una película, forma parte desde 1991 de la productora «LA IGUANA», con la que ha rodado sus propios cortos haciendo también las funciones de actriz, ayudante de dirección, guionista y producción, además de participar en la realización de documentales. ICIAR BOLLAÍN proyecta dirigir su segundo largometraje: *«Flores de otro mundo»*, en cuyo guión ha colaborado el escritor Julio Llamazares.

Impacto cinematográfico

ICÍAR BOLLAÍN representa hoy una de las figuras más polifacéticas del panorama cinematográfico español. En 1989 recibe el Premio Icaro Nuevos Creadores (en la categoría de **interpretación**) concedido por el periódico DIARIO 16, que vuelve a otorgárselo dos años más tarde. En 1990 se reconoce su trabajo con el Premio FRANCISCO RABAL de Interpretación en el Festival de Cine Español de Murcia. Este último certamen y el Festival Internacional de Cine de Gijón la vuelven a distinguir en 1992. En 1993 es galardonada con el Premio El Ojo Crítico II Milenio, R.N.E.(en el apartado de cine) en el Festival Internacional Cinema Jove de Valencia. En cuanto a su labor en el campo del **cortometraje**, recibe en 1994 por **«Los amigos del muerto»** (corto en 35 mm) el Premio a la Mejor película 35 mm y Mejor Direc-ción en el Festival Internacional de Cine de Elche, el Premio Mejor Cortometraje Semana Cine Español de Murcia, el Premio al conjunto de los Actores en el Festival de Cine de Alfaz del Pi y el Segundo Premio en la II Muestra de Nuevos Realizadores de Granada. Su interés por la **dirección** queda patente en 1995 con **«Hola, ¿estás sola?**, Premio a la mejor ópera prima y Premio del Público en la Semana Internacional de Cine de Valladolid SEMINCI 1995, Premio Sant Jordi a la mejor ópera prima y Gran Premio en el Festival de Annecy (Francia). Por este largometraje se le concede también el Premio a la mejor ópera prima del semanal de espectáculos valenciano CARTELERA TURIA (que ya le había premiado como actriz revelación) y la nominacion al mejor director novel en los Premios Goya. Toda una garantía en el futuro del cine español.

Filmografía

1983. El Sur, de Victor Erice. **1986. Las dos orillas**, de Juan Sebastián Bollaín. **1987. Mientras haya luz**, de Felipe Vega. **Al acecho**, de Gerardo Herrero. **1988. Malaventura**, de Manuel Gutiérrez Aragón. **1989. Venecias**, de Pablo Llorca. **El mejor de los tiempos**, de Felipe Vega. **1990. Doblones de a ocho**, de Andrés Linares. **1991. Un paraguas para tres**, de Felipe Vega. **1992. Dime una mentira**, de Juan Sebastián Bollaín. **Sublet**, de Chus Gutiérrez. **1993. Tocando fondo**, de José Luis Cuerda. **Jardines colgantes**, de Pablo Llorca. **1995. Tierra y libertad**, de Ken Loach. **El techo del mundo**, de Felipe Vega. **Menos que cero**, de Ernesto Tellería. **1996. Niño Nadie**, de José Luis Borau. **1998. Subjudice**, de Josep María Forn.

• En **1995 dirige «Hola, ¿estás sola?»**, película que obtiene en los Premios Goya de ese año la nominación al mejor director novel, y que es incluida en un ciclo dedicado a las «Realizadoras de los 90» perteneciente al I Festival de Cine Español de Málaga (29 de Mayo - 6 de Junio de 1998). Además, en 1998 ha comenzado a preparar la **dirección** de su **segundo largometraje**, que piensa titular **«Flores de otro mundo».**

• Como **directora y guionista,** ha realizado los siguientes **cortometrajes:** «Baja corazón» (1993); y **«Los amigos del muerto»** (1994). También hace de ayudante de dirección en *«Sexo oral»* (1994), de Chus Gutiérrez.

• En 1996 realiza el videoclip de Luz Casal *«Plantado en mi cabeza»*, que resulta galardonado como el mejor video en los Premios de la Música de la SGAE.

• Además, ha trabajado para la **televisión** en las **series: Miguel Servet,** de José María Forqué (1988); **Los pequeños burgueses (Gorki)**, de José Antonio Páramo (1989); **No sé bailar**, de Juan Tébar (1990); **Una gloria nacional**, de Jaime de Armiñán (1991).

• También para la **televisión**, ha presentado el programa «DIME UNA MENTIRA», dirigido por Juan Bollaín (para Canal Sur).

• Ha sido incluida en su faceta de directora de cine, junto a catorce nombres más, como parte integrante del libro *«Espejo de miradas (Entrevistas con nuevos directores españoles de los años noventa)»* de Carlos F. Heredero, a través de la 27 edición del Festival de Cine de Alcalá de Henares (1997).

• Ha **escrito** un libro sobre el director de cine británico Ken Loach titulado «KEN LOACH, UN OBSERVADOR SOLIDARIO» (1997).

Lydia Bosch

LYDIA BOSCH

Nombre real: Lidia Bóquera de Buen.
Nacimiento: 26 de noviembre de 1963, en Barcelona.

Su primer contacto con el mundo artístico le llega a través de los anuncios publicitarios, trabajo que compagina cursando Ciencias Sociales en la Universidad de Barcelona y estudiando interpretación con CARLOS GANDOLFO. Debuta en televisión de la mano de NARCISO IBÁÑEZ SERRADOR como azafata del programa-concurso «1,2,3...RESPONDA OTRA VEZ», y en 1985 se introduce en el mundo cinematográfico a través de «El caballero del dragón» de FERNANDO COLOMO. Un año más tarde, ANTONIO GIMÉNEZ-RICO le ofrece su primer papel importante en «El diputado voto del señor Cayo», donde encarna a un miembro del partido socialista. Ese mismo año protagoniza junto a ARTURO FERNÁNDEZ la obra de teatro

Impacto cinematográfico

Personaje muy popular dentro del mundo del espectáculo, LYDIA BOSCH ha reservado su cara más dramática para la gran pantalla, sacando a relucir la más alegre y extroverti-

Pato a la naranja de ALBERTO FERNANDEZ. En 1988 Giménez-Rico vuelve a contar con ella en «Jarrapellejos», pero es a las órdenes de MARIANO BARROSO en «Mi hermano del alma» (1993) donde LYDIA tiene la oportunidad de mostrarnos su vena dramática. Tras «Palace», una incursión en la comedia de la mano de EL TRICICLE, se mete en la piel de una jueza fría y calculadora en «Al límite» (1997) de EDUARDO CAMPOY. En televisión, tras dar vida a una chica moderna y ecologista en la serie de VICENTE ESCRIVÁ «LLENO, POR FAVOR», consigue una enorme popularidad con el personaje de Alicia de «MÉDICO DE FAMILIA», uno de los últimos grandes éxitos de la pequeña pantalla. En 1992 contrae matrimonio con MIKY MOLINA, con el que tiene una hija, Andrea. Anteriormente, tuvo una relación sentimental con IÑAKI MIRAMÓN, al que conoció durante el rodaje de «El diputado voto del señor Cayo».

da en la televisión. En 1986 recibe un premio como Actriz Revelación, y en los Fotogramas de Plata 1997 es elegida como mejor actriz de televisión gracias a «MÉDICO DE FAMILIA», por la que ya había quedado finalista dos años antes.

Filmografía

1985. El caballero del dragón, de Fernando Colomo. **1986. El diputado voto del señor Cayo**, de Antonio Giménez-Rico. **El extranger-oh de la calle Cruz del Sur**, de Jorge Grau. **1988. Jarrapellejos**, de Antonio Giménez-Rico. **Caminos de tiza**, de José Luis Tristán. **1990. La luna negra**, de Imanol Uribe. **1991. Adiós princesa**, de Jorge Pixao da Costa. **1993. Mi hermano del alma**, de Mariano Barroso. **1995. Una casa en las afueras**, de Pedro Costa. **Palace**, de El Tricicle. **1997. Al límite**, de Eduardo Campoy.

• Además, ha trabajado para la **televisión** en las **series: El olivar de** **Atocha**, de Carlos Serrano (1989); **La forja de un rebelde**, de Mario Camus (1990); **El obispo leproso**, de José María Gutiérrez González (1990); **Habitación 503**, de Pedro Amalio López (1993); **Lleno, por favor**, de Vicente Escrivá (1993); **Quién da la vez**, de Vicente Escrivá (1994); y **Médico de familia**, de Daniel Ecija (1995).

• Ha intervenido en el **telefilme Pájaro en una tormenta**, de ANTONIO GIMÉNEZ-RICO (1990).

• También para la **televisión**, ha sido azafata del concurso «1, 2, 3... RESPONDA OTRA VEZ», de Narciso Ibáñez Serrador (1984). Junto a Toni Cantó presenta el programa «SÁBADO NOCHE», de Luis Calvo Teixeira (1988);

y realiza la misma función en «DOMINGO EN ROJO» (1990) y el programa-concurso «LOS SEGUNDOS CUENTAN», de Jorge Souza (1991). Ha formado parte también de «EL GRAN JUEGO DE LA OCA», dirigido por Emilio Aragón (1993).

• En 1991, junto a Jorge Sanz, hace el papel de maestra de ceremonias de los Premio Goya.

• En **teatro**, ha representado **Pato a la naranja**, de Alberto Fernández (1986); **Los 80 son nuestros** de Ana Diosdado, dirigida por Jesús Puente; y **Música cercana**, de Gustavo Pérez Puig.

Juan Diego Botto

JUAN DIEGO BOTTO

Nombre real: Juan Diego Botto Rota.
Nacimiento: 29 de agosto de 1975, en Buenos Aires (Argentina).

Hijo de los actores argentinos de origen español DIEGO FERNÁNDEZ BOTTO y CRISTINA ROTA, se viene a Madrid con su familia en 1978 debutando en el cine con «**Juego de poder**», rodada en inglés. En 1986 JAIME CHAVARRI le incluye en el reparto de «**El río de oro**» y también interviene, tres años más tarde, en «**Si te dicen que caí**», de VICENTE ARANDA. A los 15 años se plantea en serio la interpretación, yendo a estudiar a Nueva York con una carta de recomendación de RIDLEY SCOTT, con quien había trabajado en «**1492, la conquista del paraíso**». En 1995 es elegido por MONTXO ARMENDÁRIZ para el papel protagonista de «**Historias del Kronen**», dándose a conocer con esta película al gran público en una historia de jóvenes abandonados a su propia destrucción. Tras una fugaz aparición en «**Éxtasis**» junto a JAVIER BARDEM, le llega otra buena oportunidad a través del Calixto de «**La Celestina**» de GERARDO VERA. En 1997 ADOLFO ARISTARAIN le brinda un paso importante en su carrera con «**Martin (Hache)**», y un año más tarde comparte de nuevo cartel con Javier Bardem en «**The dancer upstairs**», debut en la dirección del actor JOHN MALKOVICH. Su pasión por la interpretación le ha llevado a crear, junto a otros jóvenes actores, el grupo teatral Nuevo Repertorio, encargándose él mismo de la gestión y montajes.

Impacto cinematográfico

JUAN DIEGO BOTTO representa el rostro de la juventud de los noventa, bautizada como «Generación X». En 1995 es nominado a los Premios Goya como mejor actor revelación por su interpretación de CARLOS en «**Historias del Kronen**». Actor comprometido con el momento en que vive, llena la pantalla con su mirada irónica y soñadora. Una auténtica promesa del nuevo cine español.

Filmografía

1982. Juego de poder. 1983. Los motivos de Berta, de M.A. Guerín. **1985. Teo, el pelirrojo**, de Paco Lucio. **1986. El río de oro**, de Jaime Chávarri. **1989. Si te dicen que caí**, de Vicente Aranda. **1990. Ovejas negras**, de José María Carreño. **1991. Cómo ser mujer y no morir en el intento**, de Ana Belén. **1992. 1492, la conquista del paraíso**, de Ridley Scott. **1995. Historias del Kronen**, de Montxo Armendáriz. **Lucrecia**, de Mariano Barroso (largometraje rodado para la televisión). **Extasis**, de Mariano Barroso. **La sal de la vida**, de Eugenio Martín. **1996. La Celestina**, de Gerardo Vera. **Más que amor, frenesí**, de Alfonso Albacete, Miguel Bardem y David Menkes. **1997. En brazos de la mujer madura**, de Manuel Lombardero. **Martin (Hache)**, de Adolfo Aristarain. **1998. The dancer upstairs**, de John Malkovich. **Frontera Sur**, de Gerardo Herrero. **Novios**, de Joaquín Oristrell. **Malditas pasiones,** de Dionisio Pérez Galindo (*proyecto*).

• Además, ha trabajado para la **televisión** en las **series: El Zorro, la leyenda continúa**, de M. Levine (American Cable Television); **Entorno, el día que me quieras**, de Jesús Yagüe; **The wanderer**, de Steve Lanning.

• En cuanto al **teatro**, ha representado las siguientes obras: **Coriolano** de William Shakespeare, dirigida por Eusebio Lázaro; **Alessio**, bajo dirección de Pere Planella; **Ciudades perdidas**, dirigida por Suárez Marzal; **Veinte años no es nada**, dirección de Eduardo Recabarren; **El rufián en la escalera**, bajo la dirección de Cristina Rota; **Lorca**, dirección de Cristina Rota (Compañía Nuevo Repertorio) (1998).

Álex Casanovas

ÁLEX CASANOVAS

Nombre real: Álex Casanovas.
Nacimiento: 14 de marzo de 1964, en Barcelona.

Se inicia en los escenarios con el grupo de teatro aficionado de Alella (Barcelona), debutando profesionalmente en 1985 con el montaje de la Compañía de teatro infantil «La Trepa» PUM XIVIRICU. En 1991 es descubierto para la gran pantalla por el director cinematográfico ANTONIO CHAVARRIAS en **«Manila».** Ese mismo año rueda junto a CARMEN MAURA **«Chatarra»** de FÉLIX ROTAETA, siendo después

Impacto cinematográfico

Por su debut cinematográfico en **«Manila»** (1991), recibe el Premio al mejor actor de la Generalitat de Catalunya y el Premio de la Asociación de Actores y Directores. Dos años

dirigido por JAIME CAMINO en **«El largo invierno».** De nuevo coincide con ANTONIO CHAVARRIAS en **«El hundimiento del Titanic»,** y en 1993 es reconocido su trabajo en la película de PEDRO ALMODÓVAR **«Kika».** Junto a FERNANDO GUILLÉN trabaja en **«La fiebre del oro»,** rodando luego en Francia a las órdenes de PATRICK ALESSANDRIN **«Mujeres a flor de piel»** (1994). Una vez más dirigido por ANTONIO CHAVARRIAS comparte cartel con EVA SANTOLARIA en **«Susanna»,** y en 1996 interviene en la película **«Confidencias».**

más tarde, logra un considerable éxito a nivel nacional con su interpretación en **«Kika».** De mirada dura y aspecto fornido, es el actor ideal para encarnar a personajes de intensa vida interior.

Filmografía

1991. Manila, de Antonio Chavarrías. **Chatarra,** de Félix Rotaeta. **El largo invierno,** de Jaime Camino. **1992. El hundimiento del Titanic,** de Antonio Chavarrías. **1993. Kika,** de Pedro Almodóvar. **La fiebre del oro,** de Gonzalo Herralde. **Todo falso,** de Raimond Masllorens. **1994. Mujeres a flor de piel** (*Femmes*), de Patrick Alessandrin. **1995. Asunto interno,** de Carles Balagué. **Susanna,** de Antonio Chavarrías. **1996. Confidencias,** de Josep Guirao y Gaspar Saludes.

• Además, ha trabajado para la **televisión** en las **series: Una historia particular,** de J. M. Benet i Jornet (1987);

Voste Jutja, de Esteba Durán (1988); **La Claror daurada,** de Antoni Chic (1989); **La vida en un xip,** de Lluis María Güell (1990); **Qui?,** de Pere Planella (1990); **Jo seré el seu gendre,** de J. Frades (1992).

• También para la **televisión,** ha presentado el programa concurso «AMOR A PRIMERA VISTA» (para TV3). Asimismo, interviene en el programa «¿SÍ O QUÉ?», dirigido por La Trinca (1994); y presenta el programa «LA CARA MÁS DIVERTIDA», de Joan Ramón Mainat y Frank J. Torres (1998).

• En cuanto al **teatro,** ha representado las siguientes obras: **El despertar de la Primavera** de F.Wedeking, dirigida por Josep María Flotats (1986); **Antí-**

gona de S.Espriu, bajo la dirección de Joan Ollé (1987); **Lorenzàccio** de A. de Musset, dirección de Lluis Pascual (1987); **Lorenzàccio** de A. de Musset, bajo dirección de Josep María Flotats (1988); **El misántropo** de Molière, dirección de Josep María Flotats (1989); **El banquete** de Plató, dirigida por Joan Pericot (1990); **María Estuardo** de F.Schiller, bajo la dirección de Josep Montanyès (1990); **El tiempo y los Conway** de J.B.Priestley, dirección de Mario Gas (1992); **El zoo de cristal** de Tennessee Williams, dirigida por Mario Gas (1994); **Dos en un balancín** de W.Gibson, bajo la dirección de Boris Rotenstein (Festival Grec 96).

José Coronado

JOSÉ CORONADO

Nombre real: José Coronado García.
Nacimiento: 14 de agosto de 1957, en Madrid.

Hijo de un ingeniero de telecomunicaciones, se trasladó a Bélgica con su familia, a causa del trabajo de su padre, a muy temprana edad, regresando a España a los diez años. Hizo de algunos cursos de Derecho y de Medicina, y, de la mano de la actriz Amparo Muñoz, se dedicó al mundo de la moda, ejerciendo como modelo durante dos años. Después, montó su propia agencia de viajes y otra de modelos. Además, regentó un restaurante en Madrid, denominado «Zona Centro», que tuvo una cierta popularidad en los años de esplendor de la llamada «movida madrileña». La actriz Maru Valdivieso le animó a tomar clases de interpretación en la famosa escuela de Cristina Rota y, al finalizar éstas, en 1986, debuta en el teatro con la obra «El público», de García Lorca, dirigida por Lluis Pascual. Al año siguiente interviene en el film **«Jarrapellejos»**, de Antonio Giménez Rico,

Impacto cinematográfico

Gracias a sus frecuentes apariciones en la pequeña pantalla, José Coronado se ha convertido indiscutiblemente en uno de los galanes más disputados del cine español de los noventa. Actor de vocación tardía, ha sabido sacar un gran provecho a su físico, pues con 1,82 m de estatura, 75 kilos de peso, pelo castaño y ojos verdes, era *a priori*, el prototipo de galán que necesitaba una cinematografía como la española. Así, Antonio Giménez Rico le ofreció el papel del

comenzando con este título una aceptable filmografía, en la que destacan los largometrajes **«Yo soy esa»**, de Luis Sanz, en 1990, y **«Salsa Rosa»**, de Manuel Gómez Pereira, en 1991, pues con ambos consolida la popularidad que había ya obtenido por medio de la televisión, tras haber interpretado al apuesto comisario Lucas en la conocida serie **«Brigada Central»**, e intervenido en el episodio titulado «La mujer oriental», dirigido por Miguel Hermoso, de la serie **«La mujer de tu vida».** Cuando, en 1994, José Coronado protagoniza para la cadena Antena 3 la serie **«Hermanos de leche»**, junto a Juan Echánove primero y luego con El Gran Wyoming, su «status profesional» crece ostensiblemente, lo que le lleva a ser en 1997 el protagonista de la película **«La vuelta de El Coyote»**, dirigida por Mario Camus. José Coronado ha mantenido una prolongada relación sentimental con Paola Domínguín, a la que conoció en 1986 cuando intervino en la mencionada obra teatral «El público», fruto de la cual nació su hijo Nicolás.

señorito guapete que enamora a la chica de turno en el film **«Jarrapellejos»**, con el que debutó en el cine en 1987. Después, paso a paso, José Coronado ha demostrado ante las cámaras que, además de su físico, posee otras cualidades que hacen que sea en la década de los noventa el primer galán cinematográfico de nuestro país. Para ello, ha tenido que protagonizar un film como **«Yo soy ésa»**, que él mismo ha definido como una «especie de videoclip» para el lucimiento de Isabel Pantoja, así como otros papeles en títulos poco afortunados.

Filmografía

1987. Jarrapellejos, de Antonio Giménez Rico. **Brumal,** de Cristina Andreu. **1988. Berlín Blues,** de Ricardo Franco. **El Tesoro,** de Antonio Mercerro. **1989. La luna negra,** de Imanol Uribe. **1990. Yo soy ésa,** de Luis Sanz. **1991. Salsa rosa,** de Manuel Gómez-Pereira. **1992. Cucarachas,** de Toni Mora. **1993. Cianuro, ¿solo o con leche?,** de José Miguel Ganga. **Una chi-** ca entre un millón, de Álvaro Sáenz de Heredia. **1995. Bood of a poet,** de Marcos Zurinaga. **1997. La mirada del otro,** de Vicente Aranda. **La vuelta de El Coyote,** de Mario Camus. **1998. Frontera Sur,** de Gerardo Herrero.

• Además, ha trabajado para la **televisión** en las **producciones:** Brigada Central, de Pedro Masó (1988); **El teniente Lorena,** de Antonio Pedro Vasconcelos (1988); **La mujer de tu vida** (episodio «La mujer oriental», de Miguel Hermoso (1989)); **Hermanos de leche,** de Carlos Serrano (1994); **Don Juan Tenorio,** de José Luis García Berlanga (1995), y **Periodistas,** de Daniel Écija (1998). También ha **presentado** el programa **«El Globo».**

• En el **teatro** sus trabajos más destacables son los relativos a las obras: **El público,** de Lluis Pascual (1986/87), y **La pasión de amar,** en la que encarnó a Enrique VIII (1991).

Penélope Cruz

PENÉLOPE CRUZ

Nombre real: Penélope Cruz Sánchez.
Nacimiento: 28 de abril de 1974, en Madrid.

Desde los cinco años estudia en una academia de baile y a los catorce prueba suerte como modelo, apareciendo en la portada de revistas de moda. Al mismo tiempo, continúa estudiando en un colegio de Alcobendas y acudiendo a diversos *castings*. Tras presentar un programa de televisión e intervenir con catorce años en un video musical del grupo Mecano, estudia interpretación en la escuela de CRISTINA ROTA. JAIME CHAVARRI la dirige en un capítulo de la serie de televisión «SERIE ROSA» y por vez primera BIGAS LUNA piensa en ella para protagonizar «Las edades de Lulú», idea que es rechazada debido a su corta edad. Debuta en el cine con «El laberinto griego» (1992) de RAFAEL ALCÁZAR, alcanzando ese mismo año un gran éxito con la película «Jamón, jamón» del propio BIGAS LUNA, que la convierte en una especie de bomba erótica. Asimismo, demuestra una gran naturalidad interpretativa como la hermana pequeña de «Belle Epoque» de FERNANDO TRUEBA, compartiendo cartel con algunos de los actores jóvenes del momento. Tras rodar a las órdenes del director italiano GIOVANNI VERONESI «Por amor, sólo por amor», donde nos presenta a una Virgen María terrenal y lejos de ser intocable, en 1993 está a punto de convertirse en «chica Almodóvar» con «Kika», perdiendo de nuevo el papel por su extremada juventud. Con «Alegre ma non troppo» y «Todo es mentira» vuelve a

poner el listón bien alto regalándonos dos magníficas recreaciones de sus personajes. En 1995, tras rechazar «Un paseo por las nubes» por las escenas de desnudo, AZUCENA RODRIGUEZ escribe expresamente para ella el personaje de «Entre rojas», una bailarina de los últimos días del franquismo. Luego vendrá su Melibea en «La Celestina» y una aparición fugaz en «Más que amor, frenesí». En 1997, PEDRO ALMODÓVAR cuenta por fin con ella para «Carne trémula», siendo elegida más tarde por ALEJANDRO AMENÁBAR en su segundo largometraje «Abre los ojos», donde encarna a una estudiante de interpretación que se gana la vida como *mimo*. Este mismo año rueda bajo las órdenes de JACQUES WEBER la coproducción hispano-francesa «Don Juan», basada en la obra de Molière y arropada por actrices de la talla de ARIADNA GIL y EMMANUELLE BEART. En 1998 coincide de nuevo con FERNANDO TRUEBA y JORGE SANZ en «La niña de tus ojos», donde trabaja también junto a ANTONIO RESINES y ROSA MARÍA SARDÁ. Su proyección cinematográfica ha traspasado ya nuestras fronteras al participar en dos producciones italianas, una serie británica de televisión junto a TIMOTHY DALTON y la película «Talk of angels» (1995), protagonizada por VINCENT PÉREZ. Mantuvo una relación sentimental de varios años con Nacho, componente del grupo Mecano, con el que vivió en Nueva York mientras perfeccionaba su inglés y sus conocimientos de danza y arte dramático.

Impacto cinematográfico

Actriz de gran personalidad y magnetismo, está hoy considerada como una de las mejores intérpretes españolas de los años noventa. En 1993 se le otorga el Premio Onda de Cine, ex-aequo con Javier Bardem, por *su fulgurante irrupción en el panorama interpretativo español*. Con su excelente recreación en «Jamón, jamón» consigue el Premio de la Unión de Actores, así como ser nominada, por vez primera, como mejor actriz en los Premios Goya y quedar finalista en los Fotogramas de Plata correspondientes a ese año. También queda finalista en 1994 por su trabajo en «Alegre ma non troppo» y «Todo es mentira». La naturalidad y frescura que muestra en la pantalla le hacen merecedora de tenerla más en cuenta a la hora de otogarle algún premio. Su gran proyección y entrega cinematográfica serán una garantía absoluta de este logro.

Filmografía

1992. El laberinto griego, de Rafael Alcázar. **Jamón, jamón**, de Bigas Luna. **Belle Epoque**, de Fernando Trueba. **1993. Por amor, sólo por amor** (*Per amore y solo per amore*), de Giovanni Veronesi. **La rebelde**, de Aurelio Grimaldi. **1994. Alegre ma non troppo**, de Fernando Colomo. **Todo es mentira**, de Alvaro Fernández Armero. **1995. Talks of angels**, de Nick Hamm. **Entre rojas**, de Azucena Rodríguez. **El efecto mariposa**, de Fernando Colomo (simple aparición). **1996. A corner in the Paradise**, de Peter Ringgard. **Brujas**, de Alvaro Fernández Armero. **La Celestina**, de Gerardo Vera. **El amor perjudica seriamente la salud**, de Manuel Gómez Pereira. **Más que amor, frenesí**, de Miguel Bardem, David Menkes y Alfonso Albacete (simple aparición). **1997. Carne trémula**, de Pedro Almodóvar. **Abre los ojos**, de Alejandro Amenábar. **Don Juan**, de Jacques Weber. **Lluvia en los zapatos**, de María Ripoll. **1998. La niña de tus ojos**, de Fernando Trueba. **Soy una buena persona**, de Alvaro Fernández Armero (*proyecto*). **Hi-Lo-Country**, de Stephen Frears **Casbah**, de Mariano Barroso (*proyecto*). **Volavérunt**, de Bigas Luna (*proyecto*). **Todo sobre mi madre** (que también podría titularse **El cuaderno osucio**), de Pedro Almodóvar (*proyecto*). **All the pretty horses**, de Billy Bob Thornton (*proyecto*).

• Además, ha trabajado para la **televisión** en el capítulo de «**Serie rosa**» titulado «Ella y él», dirigido por Jaime Chávarri (1991); así como en la producción «CRÓNICAS URBANAS», de Ricardo Palacios; y en la **serie británica** «**Framed**», de Geoff Sax (1995).

• También para la **televisión**, ha ejercido las labores de presentadora en el programa «LA QUINTA MARCHA».

• En **1988** intervino en el **videoclip** de Mecano «La fuerza del destino». Más adelante, dirigió ella misma el videoclip que ilustra un tema del álbum de Nacho Cano titulado «Un mundo separado por el mismo Dios».

• Ha viajado a Calcuta y la India, entrevistándose con el Dalai Lama y la madre Teresa, con el objetivo de montar exposiciones fotográficas a beneficio de los niños desamparados.

Ángel De Andrés López

ÁNGEL DE ANDRÉS LÓPEZ

Nombre real: Ángel de Andrés López.
Nacimiento: 23 de octubre de 1951, en Madrid.

Sobrino del también actor ÁNGEL DE ANDRÉS, inicia su carrera interpretativa fundando en 1972 el grupo T.C.O. A partir de ese momento trabaja con prestigiosas compañías de teatro clásico. Simultanea los escenarios con la gran pantalla, debutando en ella de la mano de PEDRO ALMODÓVAR en **«¿Qué he hecho yo para merecer esto?»** y **«Mujeres al borde de un ataque de nervios».** En 1988 consigue un importante reconocimiento profesional con

«Baton Rouge» de RAFAEL MOLEÓN, y un año más tarde JAIME CHÁVARRI le incluye en el reparto de **«Las cosas del querer»,** junto a ÁNGELA MOLINA y MANUEL BANDERA. Con BIGAS LUNA trabaja por vez primera en **«Huevos de oro»,** y en 1996 rueda tres títulos cruciales en su filmografía: **«El perro del hortelano»** y **«Tu nombre envenena mis sueños»** (ambas de PILAR MIRÓ), y **«La Celestina»** de GERARDO VERA. También asiduo de la pequeña pantalla, logra una gran popularidad televisiva con series como **«VILLARRIBA Y VILLABAJO»** de BERLANGA o **«MANOS A LA OBRA»** DE VICENTE ESCRIVÁ.

Impacto cinematográfico

De importante formación teatral, es nominado en los Premios Goya como mejor actor de reparto por **«Baton Rouge»** (1988). Habitual del cine, el teatro y la televisión, es hoy considerado uno de nuestros mejores actores secundarios.

Filmografía

1984. ¿Qué he hecho yo para merecer esto?, de Pedro Almodóvar. **1988. Mujeres al borde de un ataque de nervios**, de Pedro Almodóvar. **El Papa Clemente. Baton Rouge**, de Rafael Moleón. **1989. Las cosas del querer**, de Jaime Chávarri. **1993. Ciénaga**, de Angel Bohollo. **Huevos de oro**, de Bigas Luna. **1996. El perro del hortelano**, de Pilar Miró. **La Celestina**, de Gerardo Vera. **Taxi**, de Carlos Saura. **Tu nombre envenena mis sueños**, de Pilar Miró. **Sólo se muere dos veces**, de Esteban Ibarretxe. **Los corsarios del chip**, de Rafael Alcázar. **1997. En brazos de la mujer madura**, de Manuel Lombardero. **¿De qué se ríen las mujeres?**, de Joaquín Oristrell. **99.9**, de Agustí Villaronga. **1998. París-Tumbuctú**, de Luis García Berlanga (*proyecto*).

• Además, ha trabajado para la **televisión** en las **series: Platos rotos**, de Carlos Serrano (1985); **Delirios de amor (Amor y oportunidades)**, de Moncho Alpuente (1989); **La forja de un rebelde**, de Mario Camus (1990); **La huella del crimen (El caso de Carmen Broto)**, de Pedro Costa (1991); **Para Elisa**, de Eduardo Dufour y Paco Montoliú (1993); **Villarriba y Villabajo**, de Luis García Berlanga (1994); **Contigo, pan y cebolla**, de Javier Elorrieta (1996); **Manos a la obra**, de Vicente Escrivá (1997).

• También para la **televisión**, ha intervenido en el programa **«CAJÓN DE SASTRE»**, de Rafael Herrero (1990).

• En cuanto al **teatro**, ha representado las siguientes obras: **Macbeth** de Shakespeare, dirigida por Miguel Narros; **La vida es sueño** de Calderón, bajo la dirección de José Luis Gómez; **Aquí no paga nadie**, dirigida por José Carlos Plaza; **Casa con dos puertas mala es de guardar**, dirección de Manuel Canseco; **Kabaret para tiempos de crisis**, de Angel de Andrés López; **El perro del hortelano**, dirigida por Manuel Canseco; **La Gran Vía**, dirigida por Adolfo Marsillach; **El médico de su honra**, dirección de Adolfo Marsillach; **Los locos de Valencia**, dirigida por Adolfo Marsillach; **Antes que todo es mi dama**, bajo la dirección de Adolfo Marsillach; **Tú y yo somos tres** de Enrique Jardiel Poncela, dirigida por Angel Ruggiero; **La mosca en la oreja**, de Angel F. Montesinos; **Lejos de aquí**, de Carlos Gandolfo; **Uno nunca sabe**, de Angel de Andrés López.

• Asimismo, junto al grupo TÁBANO, participa en los años setenta en los montajes **La ópera del bandido** y **Cambio de tercio**; en creaciones colectivas tales como **Schwyk en la segunda guerra mundial** de Bertolt Brecht; y en las adaptaciones **El nuevo retablo de las maravillas** de Cervantes y **Un tal Macbeth** de Shakespeare.

Gabino Diego

GABINO DIEGO

Nombre real: Gabino Diego Solís.
Nacimiento: 18 de septiembre de 1966, en Madrid.

A los once años se estrena con una obra de fin de curso como autor, director y protagonista. En el cine debuta a los dieciseis al ser seleccionado por JAIME CHAVARRI, entre más de doscientos aspirantes, para el personaje de Luisito de **«Las bicicletas son para el verano»**. Decide entonces comenzar sus estudios dramáticos en el taller de CRISTINA ROTA, dando también clases de voz con DINA ROTH y acudiendo a los seminarios de interpretación de JOHN STRASBERG. Al mismo tiempo, trabaja como actor secundario en diferentes producciones cinematográficas así como en su debut televisivo: **«SEGUNDA ENSEÑANZA»** de PEDRO MASÓ. Su aplaudida actuación en **«El viaje a ninguna parte»** (1986) de FERNANDO FERNÁN-GÓMEZ y en la serie de televisión **«GATOS EN EL TEJADO»**, en ambas como hijo de JOSÉ SACRISTÁN, le permite llevar a cabo papeles de mayor relevancia como el del estudiante de Eaton de **«Amanece que no es poco»** o el trágico suicida de **«El mar y el tiempo»** de nuevo a las órdenes de Fernán-Gómez. En 1990 nos sorprende con su magnífica recreación de un joven mudo en **«¡Ay, Carmela!»**, siendo IMANOL URIBE quien le consagre un año más tarde con **«El rey pasmado»** en el papel de Felipe IV. Desde entonces, nos ofrece interpretaciones tan dispares como las de **«Tierno verano de lujurias y azoteas»**, **«Belle Epoque»** o **«Los peores años de nuestra vida»**. Tras realizar en 1996 una pequeña intervención en **«Two much»** de FERNANDO TRUEBA, rueda a las órdenes de MANUEL GÓMEZ PEREIRA **«El amor perjudica seriamente la salud»**, dándole la réplica a PENÉLOPE CRUZ. Su formación artística se completa con experiencias teatrales como **La fuerza de la costumbre** o **Catón, un republicano contra César**. Su pasión por la música y el jazz en particular le ha llevado a producir un disco.

Impacto cinematográfico

Actor de personal físico, ha llevado a la gran pantalla una serie de personajes de gran humanidad y ternura. Merecedor del Premio Ojo Crítico, otorgado por RNE, como joven valor cinematográfico, recibe en 1988 el Premio LUIS BUÑUEL al mejor actor revelación por **«El viaje a ninguna parte»**, interpretación por la que se le concede también el Premio Vanity al mejor actor revelación y la nominación de Onda Madrid para el mejor actor secundario. En 1990 se le otorga el Premio Goya al mejor actor de reparto por **«¡Ay, Carmela!»**, siendo nominado de nuevo por Onda Madrid como mejor actor secundario. Recibe también por esta película las nominaciones del Cine Europeo y de la Sociedad de Autores y Directores de Cine como mejor actor del año y queda finalista en los Fotogramas de Plata correspondientes a ese año. En 1991 es nominado de nuevo en los Goya y en los Fotogramas de Plata por **El rey pasmado»**, y en 1992 y 1994 vuelve a recibir sendas nominaciones a los Premios de la Academia por **«Belle Epoque»** y **«Los peores años de nuestra vida»**, respectivamente. Asimismo, le es otorgado un Trofeo Especial en el Festival de Punta del Este por **«El amor perjudica seriamente la salud»** (1996). Hoy es uno de nuestros actores jóvenes más solicitados a la hora de interpretar a personajes simpáticos y románticos.

Filmografía

1983. Las bicicletas son para el verano, de Jaime Chávarri. **1984. El rollo de Septiembre**, de Mariano Ozores. **1985. Eliminator**, de Andraw Smith. **1986. El extranger-oh de la calle Cruz del Sur**, de Jorge Grau. **El viaje a ninguna parte**, de Fernando Fernán-Gómez. **1989. Amanece que no es poco**, de José Luis Cuerda. **El mar y el tiempo**, de Fernando Fernán-Gómez. **1990. Ovejas negras**, de José María Carreño. **¡Ay, Carmela!**, de Carlos Saura. **1991. El rey pasmado**, de Imanol Uribe. **La noche más larga**, de José Luis García Sánchez. **Fuera de juego**, de Fernando Fernán-Gómez. **La viuda del capitán Estrada**, de José Luis Cuerda. **1992. Supernova**, de Juan Miñón. **Tierno verano de lujurias y azoteas**, de Jaime Chávarri. **Belle Epoque**, de Fernando Trueba. **1994. Los hombres siempre mienten**, de Antonio del Real. **Los peores años de nuestra vida**, de Emilio Martínez Lázaro. **1995. Así en el cielo como en la tierra**, de José Luis Cuerda. **1996. Two much**, de Fernando Trueba. **El amor perjudica seriamente la salud**, de Manuel Gómez Pereira. **1997. Cha, cha, cha**, de Antonio del Real. **1998. Torrente, el brazo tonto de la ley**, de Santiago Segura. **La hora de los valientes**, de Antonio Mercero.

• Además, ha trabajado para la televisión en las **series: Segunda enseñanza**, de Pedro Masó (1984); **Don Rock**, de Rafael Alcázar (serie musical) (1986); **Gatos en el tejado**, de Alfonso Ungría (1987-88); **La huella del crimen (El crimen de Don Benito)**, de Antonio Drove (1990); **Jacinto Durante, representante**, de Antonio del Real (*proyecto*).

• También para la **televisión**, ha intervenido en los programas: «PERO, ¿ESTO QUE ES?», de Hugo Stuven (1989); «EL HUEVO DE COLON», de Javier Gurruchaga (1992).

• En **teatro**, ha representado las siguientes obras: **La fuerza de la costumbre** de Thomas Gernhard, dirigido por Roberto Villanueva (1988); **Catón, un republicano contra César** de Fernando Savater, bajo la dirección de María Cruz (1989); **Golfus de Roma**, dirección de Mario Gas (musical) (1994); **Lorca**, dirigido por Cristina Rota (Compañía Nuevo Repertorio) (1998).

• Ha hecho las funciones de productor de un disco de jazz interpretado por el canario Polo Orti.

Juan Echanove

JUAN ECHANOVE

Nombre real: Juan Echanove Labanda.
Nacimiento: 1 de abril de 1961, en Madrid.

Abandona la carrera de Derecho para estudiar Arte Dramático, debutando en la gran pantalla en 1983 con **«El caso Almería»** de PEDRO COSTA. En 1985 consigue un gran éxito en televisión dando vida al joven abogado Cosme en la serie **«TURNO DE OFICIO»** de ANTONIO MERCERO, en la que comparte cartel por vez primera con JUAN LUIS GALIARDO. Tras intervenir brevemente en títulos como **«La noche más hermosa»** de MANUEL GUTIÉRREZ ARAGÓN o **«La hora bruja»** de JAIME DE ARMIÑÁN, logra ya un reconocimiento importante en 1986 con la película **«Tiempo de silencio»** de VICENTE ARANDA, que le permite acceder a personajes de mayor envergadura como los de **«Divinas palabras»** (1987) de JOSÉ LUIS GARCÍA SÁNCHEZ, **«Bajarse al moro»** (1989) de FERNANDO COLOMO o **«A solas contigo»** (1990) de EDUARDO CAMPOY. Pero es en 1993 donde, a través del personaje del general Franco, logra su quizá mejor interpretación en **«MadreGilda»** de FRANCISCO REGUEIRO, para coincidir ese mismo año con JUANJO PUIGCORBÉ en **«Mi hermano del alma»** de MARIANO BARROSO. Junto a una estupenda EMMA SUAREZ rueda **«Una casa en las afueras»**, y en 1997 se pone a las órdenes de los debutantes FERNANDO CÁMARA y DAVID ALONSO en **«Memorias del angel caído»**. Este mismo año se traslada a la Argentina de los años 30 para interpretar a un guitarrista en **«Sus ojos se cerraron, y el mundo sigue andando»** de JAIME CHAVARRI, coproducción hispano-argentina donde comparte cartel con una inocente AITANA SÁNCHEZ-GIJÓN. Una vez más bajo la dirección de FERNANDO COLOMO hace en 1998 **«Los años bárbaros»**, junto a JORDI MOLLÁ. En la pequeña pantalla, se deja ver en series como **«LAS CHICAS DE HOY EN DÍA»** o **«HERMANOS DE LECHE»**, pero es de nuevo con el personaje de Cosme cuando consigue un similar éxito televisivo en **«TURNO DE OFICIO II»**, donde incluso desarrolla su faceta de director al hacerse cargo de cinco de los capítulos de dicha serie. Actor asiduo también a los escenarios, logra un enorme reconocimiento a su labor profesional con la obra de teatro **El cerdo**.

Impacto cinematográfico

Su enorme versatilidad para la interpretación le ha permitido llevar a la pantalla una amplia gama de personajes, labor que ha sido recompensada con un buen número de merecidos galardones. En 1986 recibe el Fotogramas de Plata al mejor actor de televisión por su impecable papel en **«TURNO DE OFICIO»**, siéndole entregado un año más tarde el Premio Goya al mejor actor de reparto por la película **«Divinas palabras»**. Tras ser nominado en los Premios de la Academia, de nuevo como mejor actor de reparto, por **«El vuelo de la paloma»**, queda finalista como mejor actor de televisión en los Fotogramas de Plata por la serie **«LA MUJER DE TU VIDA»** (1990). Nominado una vez más en los Premios Goya como mejor actor de reparto por **«A solas contigo»**, le es otorgado el Fotogramas de Plata al mejor actor de televisión por su personaje en **«LAS CHICAS DE HOY EN DÍA»** (1991) y el Fotogramas de Plata al mejor intérprete teatral por la obra **El cerdo** (1993). Su impecable recreación en **«MadreGilda»** le proporciona el Premio Goya al mejor actor, la Concha de Plata en el Festival de San Sebastián y el Premio Onda de Cine, *ex-aequo* con Mercedes Sampietro, por la solidez profesional demostrada en dicha película, así como el quedar finalista como mejor actor de cine en los Fotogramas de Plata. Este mismo año es también nominado como mejor actor de reparto por su intervención en **«Mi hermano del alma»**. Una vez más finalista como mejor actor de televisión por la serie **«HERMANOS DE LECHE»**, es galardonado con el Premio al Mejor Actor en el Festival de Cine Hispano de Miami por **«Una casa en las afueras»** (1995). Asimismo, recibe en la VI edición de los Premios El Mundo al Cine Vasco el premio al mejor actor por **«Siempre hay un camino a la derecha»**. Actor camaleónico e inteligente, también premiado por la Unión de Actores, presenta un estilo interpretativo con una gran cantidad de matices.

Filmografía

1983. El caso Almería, de Pedro Costa. **1984. La noche más hermosa**, de Manuel Gutiérrez Aragón. **1985. La hora bruja**, de Jaime de Armiñán. **1986. Tiempo de silencio**, de Vicente Aranda. **Adiós, pequeña**, de Imanol Uribe. **1987. Divinas palabras**, de José Luis García Sánchez. **Viento de cólera**, de Pedro de la Sota. **1988. Miss Caribe**, de Fernando Colomo. **1989. Bajarse al moro**, de Fernando Colomo. **El vuelo de la paloma**, de José Luis García Sánchez. **1990. Ratita, ratita** (*Rateta, rateta*), de Francesc Bellmunt. **A solas contigo**, de Eduardo Campoy. **Yo soy ésa**, de Luis Sanz. **1991. La noche más larga**, de José Luis García Sánchez. **1992. Orquesta Club Virginia**, de Manuel Iborra. **1993. Historias de la puta mili**, de Manel Esteban. **MadreGilda**, de Francisco Regueiro. **Mi hermano del alma**, de Mariano Barroso. **1994. Suspiros de España (y Portugal)**, de José Luis García Sánchez. **1995. Una casa en las afueras**, de Pedro Costa Musté. **La flor de mi secreto**, de Pedro Almodóvar. **1997. Memorias del ángel caído**, de Fernando Cámara y David Alonso. **Sus ojos se cerraron, y el mundo sigue andando**, de Jaime Chávarri. **Siempre hay un camino a la derecha**, de José Luis García Sánchez. **Al límite**, de Eduardo Campoy. **1998. Los años bárbaros**, de Fernando Colomo.

• Además, ha trabajado para la televisión en las **series: Turno de oficio**, de Antonio Mercero (1985); **La mujer de tu vida (La mujer infiel)**, de José Luis García Sanchez (1990); **La huella del crimen** (episodio «El caso del cadáver descuartizado», de Ricardo Franco) (1990); **Las chicas de hoy en día**, de Fernando Colomo (1991); **Hermanos de leche**, de Carlos Serrano (1994); **Turno de oficio II**, de Manuel Matji (1995).

• En cuanto al **teatro**, ha representado las siguientes obras: **El cerdo** (1993); **Lorca**, bajo la dirección de Cristina Rota (Compañía Nuevo Repertorio) (1998).

• En el Teatro La Abadía de Madrid, lleva a cabo en 1997 la lectura dramatizada de fragmentos de la novela de Alejandro Gandora «CRISTALES».

• Asimismo, realiza una gira por toda España con el espectáculo teatral **Alrededor de Borges**.

Karra Elejalde

KARRA ELEJALDE

Nombre real: Carlos Elejalde Garay.
Nacimiento: 10 de octubre de 1960, en Vitoria.

Realiza estudios dramáticos durante su período de Formación Profesional, así como Acrobacia y Esgrima Teatral e Interpretación Actoral. A principios de la década de los ochenta inicia su carrera de actor trabajando en colectivas teatrales como «LA FARÁNDULA», «KLACATRACK», «ÓRDAGO» o «TTIPI TTAPA TEATRO». En 1991 interviene en **«Alas de mariposa»** de JUANMA BAJO ULLOA, comenzando así una fructífera colaboración con el citado director. Algo similar le ocurre en 1992 con JULIO MEDEM y **«Vacas»,** en la que comparte cartel con dos incondicionales del realizador: CARMELO GÓMEZ y EMMA SUÁREZ. Un año más tarde repetirá con MEDEM en **«La ardilla roja»** y con BAJO ULLOA en **«La madre muerta».** En 1994 IMANOL URIBE le incluye en el reparto de sus **«Días contados»** y tras rodar a las órdenes de AZUCENA RODRÍGUEZ **«Entre rojas»,** vuelve a coincidir con Julio Medem en **«Tierra»** en 1996, año en el también interpreta **«Los corsarios del chip»** donde se sale de su habitual registro de tipos psicóticos y extraños. En **«Best Seller (El Premio)»** de CARLOS PÉREZ FERRÉ da vida a un escritor fracasado que echa a perder un prometedor futuro y en 1997 realiza su primer trabajo como guionista, junto a FERNANDO GUILLÉN CUERVO y JUANMA BAJO ULLOA, en la *road-movie* **«Airbag»** del propio BAJO ULLOA, en la ELEJALDE también encarna a uno de los protagonistas. Hombre polifacético, ha trabajado también en la televisión, el teatro y la radio.

Impacto cinematográfico

Además de ser uno de los intérpretes con más futuro en el cine español, ha realizado las funciones de director, escritor de teatro, presentador y guionista de radio y televisión, letrista de grupos de rock, escultor... En los últimos tiempos, su colaboración con varios directores jóvenes, y especialmente con Juanma Bajo Ulloa y Julio Medem le han proporcionado una importante proyección profesional.

Filmografía

1983. El arreglo, de José Antonio Zorrilla. **1987. A los cuatro vientos**, de José Antonio Zorrilla. **1989. Sauna**, de Andreu Martín. **Terranova**, de Ferrán Llagostera. **1991. Alas de mariposa**, de Juanma Bajo Ulloa. **1992. Vacas**, de Julio Medem. **Acción mutante**, de Alex de la Iglesia. **1993. La ardilla roja**, de Julio Medem. **La madre muerta**, de Juanma Bajo Ulloa. **Kika**, de Pedro Almodóvar. **Enciende mi pasión**, de José Luis Ganga. **1994. La leyenda de un hombre malo**, de Miriam Ballesteros. **Días contados**, de Imanol Uribe. **1995. Salto al vacío**, de Daniel Calparsoro. **Entre rojas** de Azucena Rodríguez. **Tatiana, la muñeca rusa**, de Santiago San Miguel. **1996. Tierra**, de Julio Medem. **El dedo en la llaga**, de Alberto Lecchi. **Los corsarios del chip**, de Rafael Alcázar. **Best Seller (El Premio)**, de Carlos Pérez Ferré. **Adán y Eva**, de Joaquim Leitao. **1997. Airbag**, de Juanma Bajo Ulloa. **La pistola de mi hermano/Caídos del cielo**, de Ray Loriga. **1998. Post Morten**, de Jaume Balagueró. **La hora de los valientes**, de Antonio Mercero. **1999, Año Mariano**, de Fernando Guillén Cuervo (*proyecto*). **Novios,** de Joaquín Oristrell. **Adán y Eva,** de Joaquim Leitao. **Los años borrados,** de Patricia Ferreira (*proyecto*).

• Junto a Ana Alvarez, ha protagonizado el **cortometraje «Robo en el cine Capitol»,** de Fernando Guillén Cuervo (1997).

• Además, ha trabajado en **televisión** en las producciones: **Pajaro en una tormenta**, de Antonio Giménez-Rico (1990); **El vengador enmascarado**, de Txema Ocio; y **Bertán Zoro**, de Patxi Barco (1991).

• También para la **televisión**, ha presentado los programas «TÍTERES SIN CABEZA» y «CIRCO POP».

• En **teatro**, ha representado las obras: **Adiós, hasta huevo; Twuerapia; Alajainkoa; Rock-clown; Etc, etc; Los funcionarios;** y **La kabra tira al monte** (1997).

• Ha sido **locutor y director de programas** en Radio Euskadi y Radio Cadena Española.

María Esteve

MARÍA ESTEVE

Nombre real: María Esteve.
Nacimiento: 30 de diciembre de 1974, en Mar de Plata (Argentina).

Hija de la actriz PEPA FLORES y del bailarín ANTONIO GADES, se inicia en Málaga en el mundo teatral participando luego, ya en Madrid, en un montaje de la obra **La importancia de llamarse Ernesto**. Protagonista en 1994 de la serie de televisión **«EMPEZANDO A VIVIR»**, debuta en el cine con un pequeño papel en **«Más que amor, frenesí»**, primer largometraje de ALFONSO ALBACETE, MIGUEL BARDEM y DAVID MENKES. Con el mismo equipo rueda en 1997 **«Atómica»**, y vuelve a la pequeña pantalla con la serie **«KETY NO PARA»**. Tras dar vida un año más tarde a una de las chicas de **«Páginas de una historia. Mensaka»**, es dirigida en su primer papel protagonista por ÁLVARO FERNÁNDEZ ARMERO, su actual novio, en **«Nada en la nevera»**, donde trabaja junto a COQUE MALLA.

Impacto cinematográfico

Con una indiscutible vena artística en la familia, MARIA ESTEVE se inicia en el mundillo teatral y televisivo antes de dar sus primeros pasos en la gran pantalla. Muy elogiada por la crítica por su interpretación de una inocente chica de pueblo en **«Atómica»**, tiene ya un hueco entre los más jóvenes actores de nuestro renovado cine.

Filmografía

1996. Más que amor, frenesí, de Alfonso Albacete, Miguel Bardem y David Menkes. **1997. Atómica**, de Alfonso Albacete y David Menkes. **1998. Páginas de una historia. Mensaka**, de Salvador García Ruiz. **Nada en la nevera**, de Alvaro Fernández Armero.

• Además, ha trabajado para la **televisión** en las **series: Empezando a vivir** (1994) (para Canal Sur); y **Kety no para**.

• En cuanto al **teatro**, ha representado la obra **La importancia de llamarse Ernesto** de Oscar Wilde.

Verónica Forqué

VERÓNICA FORQUÉ

Nombre real: Verónica Forqué Vázquez Vigo.
Nacimiento: 1 de diciembre de 1955, en Madrid.

Hija del director y productor de cine JOSÉ MARÍA FORQUÉ y de la actriz y escritora CARMEN VÁZQUEZ VIGO, cursa estudios de Arte Dramático y Psicología antes de dedicarse por completo a su trabajo como actriz. Debuta en el cine en 1971 con «**Mi querida señorita**» de JAIME DE ARMIÑÁN y entra en el mundo del teatro de la mano de NURIA ESPERT con **Divinas palabras** (1975). Tras rodar a las órdenes de JOSÉ MARÍA FORQUÉ «**Madrid, Costa Fleming**» y «**El segundo poder**», consigue en 1977 una excelente interpretación en «**La guerra de papá**» de ANTONIO MERCERO. Pero es con PEDRO ALMODÓVAR y su «**¿Qué he hecho yo para merecer esto?**» (1984) donde VERÓNICA comienza a hacerse un sitio en el campo de la comedia, posición que afianza con «**Sé infiel y no mires con quién**» (1985) y, sobre todo, «**La vida alegre**» (1987) de FERNANDO COLOMO. Tras rodar, de nuevo con Colomo, «**Bajarse al moro**» logra otro gran éxito a las órdenes de MANUEL GÓMEZ PEREIRA con «**Salsa rosa**», junto a MARIBEL VERDÚ. En 1993 ALMODÓVAR vuelve a contar con ella, esta vez como protagonista, en «**Kika**», tras repetir ese mismo año con GÓMEZ PEREIRA en «**¿Por qué lo llaman amor cuando quieren decir sexo?**». En «**Amor propio**» de MARIO CAMUS tiene la oportunidad de interpretar a un personaje inusual en su carrera, y en 1997 trabaja a las órdenes de MANUEL IBORRA en «**El tiempo de la felicidad**», dándole la réplica a su mejor pareja en el cine, ANTONIO RESINES. En televisión, consigue un reconocimiento importante a través de «**RAMON Y CAJAL**» y «**EVA Y ADAN, AGENCIA MATRIMONIAL**», pero es con Pepa, de la serie de MANUEL IBORRA «**PEPA Y PEPE**», cuando se dispara su popularidad en la pequeña pantalla. Unida sentimentalmente al director de cine MANUEL IBORRA, con el que tiene una hija.

Impacto cinematográfico

Calificada por algunos críticos como la *«Shirley McLaine española»*, recibe el Premio Radio España y el Premio de la Asociación de Críticos de Nueva York por «**¿Qué he hecho yo para merecer esto?**», y en 1987 se le otorga el Premio Saint Jordi de Cinematografía. Los Premios Goya de la Academia reconocen su trabajo como mejor actriz en «**La vida alegre**» (1987) (por la que también se le concede el Premio Onda Madrid) y «**Kika**» (1993), siendo por esta última galardonada también con el Fotogramas de Plata. En 1986 («**El año de las luces**») y 1987 («**Moros y cristianos**») recae en ella el Premio Goya a la mejor actriz de reparto. En el mundo de la televisión, ha visto premiada su labor con el Fotogramas de Plata a la mejor actriz por «**PLATOS ROTOS**» (1985) y por «**EVA Y ADÁN, AGENCIA MATRIMONIAL**» (1990), recibiendo también por esta última el Premio TP. En 1995 queda finalista a los Fotogramas de Plata como mejor actriz de televisión por «**PEPA Y PEPE**». En cuanto al teatro, se le concede el Long Play de Teatro por **Bajarse al moro** y por la obra «**Ay, Carmela!**» recibe el Premio Ojo Crítico de Radio Nacional y el Premio Ercilla de Teatro. Si bien se ha explotado su faceta como ingenua mujer en el campo de la comedia, sus cualidades como actriz dramática aún no han encontrado el lugar que le corresponde.

Filmografía

1971. Mi querida señorita, de Jaime de Armiñán. **1974. Una pareja distinta**, de José María Forqué. **1975. Madrid, Costa Fleming**, de José María Forqué. **1976. La última bandera**, de Ottokar Runze. **El segundo poder**, de José María Forqué. **1977. La guerra de papá**, de Antonio Mercero. **Las truchas**, de José Luis García Sánchez. **1978. Los ojos vendados**, de Carlos Saura. **Una historia. Tiempos de Constitución**, de Rafael Gordón. **1980. El canto de la cigarra**, de José María Forqué. **1981. Todos me llaman Gato**, de Raúl Peña. **1984. ¿Qué he hecho yo para merecer esto?**, de Pedro Almodóvar. **1985. Sé infiel y no mires con quién**, de Fernando Trueba. **El orden cómico**, de Alvaro Forqué. **1986. Romanza final**, de José María Forqué. **Matador**, de Pedro Almodóvar. **El año de las luces**, de Fernando Trueba. **Caín**, de Manuel Iborra. **Madrid**, de Basilio Martín Patino. **1987. La vida alegre**, de Fernando Colomo. **Moros y cristianos**, de Luis García Berlanga. **Las vacaciones de Toby. 1988. Miss Caribe**, de Fernando Colomo. **1989. Bajarse al moro**, de Fernando Colomo. **El baile del pato**, de Manuel Iborra. **1990. Don Juan, mi querido fantasma**, de Antonio Mercero. **1991. Salsa rosa**, de Manuel Gómez Pereira. **1993. ¿Por qué lo llaman amor cuando quieren decir sexo?**, de Manuel Gómez Pereira. **Kika**, de Pedro Almodóvar. **1994. Amor propio**, de Mario Camus. **1997. ¿De qué se ríen las mujeres?**, de Joaquín Oristrell. **El tiempo de la felicidad**, de Manuel Iborra. **1998. Pepe Guindo**, de Manuel Iborra.

• Además, ha trabajado para la **televisión** en las **series: Juan y Manuela; Silencio, estrenamos**, de Adolfo Marsillach (1974); **Las palmeras de cartón**, de Mingote; **Ramón y Cajal**, de José María Forqué (1981); **El jardín de Venus**, de José María Forqué (1982); **Platos rotos**, de Carlos Serrano (1985); **Eva y Adán, agencia matrimonial**, de Carlos Serrano (1990); y **Pepa y Pepe**, de Manuel Iborra (1993).

• También ha **presentado** en Antena 3 **televisión** el **espacio** «**Como la vida misma**» (1992).

• En 1989 hace el papel de maestra de ceremonias, junto a Antonio Resines, de los Premios Goya. Realiza esta misma función en 1996, esta vez junto a Javier Gurruchaga.

• En **teatro**, ha representado las siguientes obras **Divinas palabras** de Valle-Inclán, dirigida por Victor García (1975); **El zoo de cristal** de Tennessee Williams, dirigida por José Luis Alonso (1978); **María la mosca** de Miguel Sierra, bajo la dirección de Angel García Moreno (1979); **Casa de dos puertas, mala es de guardar** de Calderón, dirección de Manuel Canseco (1980); **Las mariposas son libres**, dirigida por José Luis Alonso (1982); **Agnus Dei** de John Pielmeier, bajo la dirección de Angel García Moreno (1983); **Tres sombreros de copa** de Mihura, dirigida por José Luis Alonso (1984); **Sublime decisión** de Mihura, bajo la dirección de Angel García Moreno (1985); **Bajarse al moro** de Alonso de Santos, dirigida por Gerardo Malla (1986); **¡Ay, Carmela!** de José Sanchís Sinisterra, dirección de José Luis Gómez (1988); y **Las sillas** de Ionesco.

Carlos Fuentes

CARLOS FUENTES

Nombre real: Carlos Fuentes Cuervo.
Nacimiento: 22 de diciembre de 1976, en Barcelona.

Hijo de emigrantes andaluces, trabaja como pintor, electricista y ceramista antes de ser descubierto por JORGE DENIZ para la película «**Antártida**» (1995) de MANUEL HUERGA. Un año más tarde, además de ser dirigido por GERARDO VERA en «**La Celestina**», forma pareja con INGRID RUBIO en «**Taxi**» de CARLOS SAURA, y en 1997 retrocede a los años setenta en «**El tiempo de la felicidad**» de MANUEL IBORRA. Tras llevar a cabo una colaboración fugaz en «**Atómica**» y formar parte integrante de la coproducción «**Mambí**», en 1998 rueda a las órdenes de FRANCISCO LOMBARDI «**No se lo digas a nadie**».

Impacto cinematográfico

Nominado en 1995 como mejor actor revelación por «**Antártida**», CARLOS FUENTES es hoy un alumno aventajado en el terreno de la emoción. En la composición de sus personajes combina la ternura y la fuerza a través de una mirada limpia y perturbadora.

Filmografía

1995. Antártida, de Manuel Huerga. **1996. La Celestina**, de Gerardo Vera. **Taxi**, de Carlos Saura. **1997. El tiempo de la felicidad**, de Manuel Iborra. **Atómica**, de Alfonso Albacete y David Menkes. **Mambí**, de Teodoro y Santiago Ríos. **La primera noche de mi vida**, de Miguel Albadalejo. **Dama del Porto Pim**, de Josep Anton Salgot. **1998. No se lo digas a nadie**, de Francisco J.Lombardi. **Hijos del viento**, de José Miguel Juárez. **La otra cara de la luna,** de José Luis Comerón *(proyecto)*. **No respires, el amor está en el aire,** de Juan Potau *(proyecto)*.

• Además, ha trabajado para la **televisión** en la **serie Fuera de juego** *(Fora de joc)* (para TV3).

Ruth Gabriel

RUTH GABRIEL

Nombre real: Ruth Sánchez Bueno.
Nacimiento: 10 de julio de 1975, en San Fernando (Cádiz).

Hija de la escritora ANA ROSETTI y del actor ISMAEL ABELLÁN, debuta en televisión en los programas infantiles «LA COMETA BLANCA» y «BARRIO SÉSAMO». Estudia interpretación en Florencia, Utah y California, además de danzas sagradas hindúes. En América actúa en varias obras de teatro y, tras intervenir en un episodio de la serie «CÓMICOS», es descubierta por IMANOL URIBE en el difícil papel de la prostituta heroinómana de «Días contados», uno de los debuts más deslumbrantes de los últimos años. En 1995 comparte cartel con FRANCISCO RABAL en la «road-movie» «Felicidades, tovarich» y un año más tarde, a las órdenes de ENRICO COLETTI, juega «A tres bandas» con FRANCO NERO e IMANOL ARIAS. En «99.9» (1997) da la réplica a actrices de la talla de MARÍA BARRANCO o TERELE PÁVEZ, y ese mismo año regresa a la pequeña pantalla con la serie «QUERIDO MAESTRO» que le proporciona una gran popularidad televisiva.

Impacto cinematográfico

Descubierta en una sola película como actriz de gran fuerza dramática, RUTH GABRIEL es hoy una gran baza dentro del cine español. Por su excelente interpretación en «Días contados» (1994) recibe el Premio Goya a la mejor actriz revelación (siendo también nominada como mejor actriz) y el Premio Revelación de la Unión de Actores; así como el Premio Ondas, el Premio Ojo Crítico y el Premio Mistery del Noir en el Festival de Courmayer. También por este papel queda finalista a la mejor actriz de cine en los Fotogramas de Plata. Asimismo, ha visto reconocido su trabajo en el extranjero con el Premio de Interpretación de la American Academy of Performing and Visual Arts por la obra de teatro **That day** (1990), y el Premio del público a la mejor actriz secundaria por **West side story** (Kanab, UTAH. U.S.A) (1991).

Filmografía

1994. Días contados, de Imanol Uribe. **1995. Señales de fuego** (*Sinais du fogo*), de Luis Felipe Rocha. **Felicidades Tovarich**, de Antxón Eceiza. **1996. A tres bandas** (*The cuemaster*), de Enrico Coletti. **1997. 99.9**, de Agustí Villaronga. **1998. DOña Bárbara,** de Betty Kaplan.

• Además, ha trabajado para la **televisión** en la **series: Cómicos**, de Paco Abad (1986); **Nostromo**, de Alastair Reid (1995); y **Querido maestro**, de Julio Sánchez Valdés (1997) (versión española de la serie italiana *Caro maestro*).

• También para la **televisión**, ha intervenido en los programas infantiles «LA COMETA BLANCA», de Ernesto Quintana (1981); y «BARRIO SÉSAMO», de Antonio Torets Leal (1981/85).

• En cuanto al **teatro**, ha representado las siguientes obras: **That day** de Stephen Lee Bears, dirigida por Lloyd Amber (1989); **The weird ones** de Nathan Marlem, bajo la dirección de Richard Gurly (1990); **Heaven can wait**, adaptación musical de Dannah Castdle (1991); **West side story**, dirigida por Jauvren O'Doyle (1991).

Saturnino García

SATURNINO GARCIA

Nombre real: Saturnino García Rodríguez.
Nacimiento: 5 de febrero de 1935, en Briones de la Vega (León).

Debuta en el cine de la mano de FERNANDO FERNÁN-GÓMEZ con «**El viaje a ninguna parte**» (1986). Tras intervenir en películas como «**A solas contigo**» o «**Amantes**», ÁLEX DE LA IGLESIA le dirige por vez primera en «**Acción mutante**», para volver luego a coincidir con FERNÁN-GÓMEZ en «**Siete mil días juntos**». Consigue al fin su primer protagonista en «**Justino, un asesino de la tercera edad**» (1994), ópera prima de LA CUADRILLA que nos lo descubre como actor revelación del año. ÁLEX DE LA IGLESIA cuenta de nuevo con él para «**El día de la bestia**», siendo en 1997 dirigido por CHUS GUTIÉRREZ en «**Insomnio**». En la pequeña pantalla, su rostro se hace popular gracias a series como «**QUIÉN DA LA VEZ**», «**ESTE ES MI BARRIO**» o «**MENUDO ES MI PADRE**». SATURNINO GARCÍA lleva desde siempre un «Bululú», un teatro infantil y popular que él mismo dirige y en el que ejerce de mimo, mago y payaso.

Impacto cinematográfico

Su indiscutible imagen de hombre corriente le ha convertido en un actor de larga trayectoria cinematográfica. En 1994 recibe el Premio Goya al mejor actor revelación por «**Justino, un asesino de la tercera edad**», interpretación por la que es también premiado en Sitges. Secundario de lujo, cuenta asimismo con una importante carrera en los escenarios.

Filmografía

1986. El viaje a ninguna parte, de Fernando Fernán-Gómez. **1989. El tesoro**, de Antonio Mercero (año oficial de producción: 1990). **1990. A solas contigo**, de Eduardo Campoy. **Mala edad para cambiar**, de Ernesto del Río. **1991. Amantes**, de Vicente Aranda. **Todo por la pasta**, de Enrique Urbizu. **1992. Acción mutante**, de Alex de la Iglesia. **1993. Arruinados**, de Joaquín Trincado. **Cómo ser infeliz y disfrutarlo**, de Enrique Urbizu. **1994. Siete mil días juntos**, de Fernando Fernán-Gómez. **Justino, un asesino de la tercera edad**, de La Cuadrilla. **Cuernos de mujer**, de Enrique Urbizu. **Eso**, de Fernando Colomo. **1995. El día de la bestia**, de Alex de la Iglesia. **1996. Matías, juez de línea**, de La Cuadrilla. **Sólo se muere dos veces**, de Esteban Ibarretxe. **1997. Gracias por la propia**, de Francesc Bellmunt. **Insomnio**, de Chus Gutiérrez. **Quince**, de Francisco Rodríguez Fernández. **1998. Atilano, presidente**, de La Cuadrilla. **Entre todas las mujeres,** de Juan Ortuoste.

• Junto a Álex Angulo, ha intervenido en los **cortometrajes** «**Mirindas asesinas**», de Álex de la Iglesia (1990); «**La raya**,» de Andrés M. Koppel (1997), y **Bic**, de David Rodríguez Montero y Begoña González (1998).

• Además, ha trabajado para la **televisión** en las **series**: Quién da la vez, de Vicente Escrivá (1994); **Este es mi barrio**, de Vicente Escrivá (1996); y **Menudo es mi padre**, de Manuel Valdivia (1996).

• En cuanto al **teatro**, ha representado las siguientes obras: **La coartada** de Fernando Fernán-Gómez, dirigida por Luis Iturri (1984); **Papá Borgia** de M.Martínez Mediero, bajo la dirección de Luis Iturri (1984); **La taberna fantástica** de Alfonso Sastre, dirección de Gerardo Malla (1985); **Las galas del difunto** de Valle-Inclán, dirigida por Gerardo Malla (1987); **Una vida en el teatro**, de David Mamet (1997)

Ariadna Gil

ARIADNA GIL

Nombre real: Ariadna Gil i Giner.
Nacimiento: 23 de enero de 1969, en Barcelona.

Hija de un prestigioso abogado estudia canto, danza y violín. A los diecisiete años da sus primeros pasos como modelo en la revista de vanguardia V.O., debutando en el cine de la mano de BIGAS LUNA en «**Lola**» (1985). Ingresa en el Institut del Teatre de Barcelona y rueda cuatro películas más que poco hacen por su carrera. En 1991 EMILIO MARTÍNEZ LÁZARO la elige para «**Amo tu cama rica**» que supone su puesta de largo en la gran pantalla, pero es un año más tarde cuando consigue su consagración como actriz a través del personaje de Violeta en «**Belle Epoque**» de FERNANDO TRUEBA. En 1994 repite con Martínez Lázaro en «**Los peores años de nuestra vida**», y al año siguiente se mete en la piel de una heroinómana en «**Antártida**» de MANUEL HUERGA. A las órdenes de VICENTE ARANDA, y dándole la réplica a ANA BELÉN y VICTORIA ABRIL, interpreta en 1996 a una novicia en plena Guerra Civil en la película «**Libertarias**», dando vida ese mismo año a la protagonista de «**Malena es un nombre de tango**». Junto a LIBERTO RABAL rueda «**Tranvía a la Malvarrosa**» de JOSÉ LUIS GARCÍA SÁNCHEZ antes de intervenir en 1997 en la coproducción hispano-francesa «**Don Juan**», donde comparte cartel con PENÉLOPE CRUZ y EMMANUELLE BEART. Está unida sentimentalmente al director y guionista DAVID TRUEBA, con el que tiene una hija, Violeta, nacida a comienzos de 1997.

Impacto cinematográfico

Rostro emblemático del nuevo cine español, ARIADNA GIL se nos presenta como una actriz de gran versatilidad, que tan pronto puede ser mala como ambiciosa o seductora. De innata naturalidad y mirada expresiva, se ha hecho un sitio en nuestra cinematografía encarnando a mujeres independientes y de carácter decidido. En 1992 se le otorga el Premio Goya por su excelente papel en «**Belle Epoque**», interpretación por la cual consigue también el Fotogramas de Plata a la mejor actriz de cine y el Premio Ojo Crítico concedido por Radio Nacional de España. Ese mismo año queda finalista como mejor actriz de televisión por «**BETES I FILMS**» y «**CRÓNICAS DEL MAL**», y por su encarnación de una heroinómana en «**Antártida**» (1995) recibe una nominación a los Premios de la Academia. A lo largo de su carrera cinematográfica le han sido también otorgados el Premio Ondas y el Sant Jordi. De ella se ha dicho: *«su eléctrica belleza desafía cualquier modelo convencional».*

Filmografía

1985. **Lola**, de Bigas Luna. **1987. El complot de los anillos**, de Francesc Bellmunt. **1989. Barcelona lament**, de Lluis Aller. **1990. Un submarino en el mantel**, de Ignasi P. Farré. **1991. Capitán Escalaborns**, de Carlos Benpar. **Amo tu cama rica**, de Emilio Martínez Lázaro. **1992. Belle Epoque**, de Fernando Trueba. **1993. Mal de amores**, de Carlos Balagué. **El hombre de cristal. 1994. Mecánicas celestes**, de Fina Torres. **Los peores años de nuestra vida**, de Emilio Martínez Lázaro. **Todo es mentira**, de Alvaro Fernández Armero. **1995. Antártida**, de Manuel Huerga. **Talk of angels**, de Nick Hamm. **Atolladero**, de Oscar Aibar. **1996. Libertarias**, de Vicente Aranda. **Malena es un nombre de tango**, de Gerardo Herrero. **Tranvía a la Malvarrosa**, de José Luis García Sánchez. **1997. Don Juan**, de Jacques Weber. **1998. Lágrimas negras**, de Ricardo Franco y Fernando Bauluz (por fallecimiento del primero). **Cuando vuelvas a mi lado**, de Gracia Querejeta *(proyecto)*. La lección, de Xavier Bermúdez *(proyecto)*.

• Junto a Coque Malla ha interpretado el **cortometraje «El columpio»**, de Alvaro Fernández Armero (1992), que recibió el Premio Goya al mejor cortometraje de ficción.

• Además, ha trabajado para la **televisión** en «**BETES I FILMS**» y «**CRÓNICAS DEL MAL**».

• En **teatro**, ha representado las obras **La gaviota**, de Chejov; y **Salvats** de Edward Bond, dirigida por Josep María Mestres (1998).

Carmelo Gómez

CARMELO GÓMEZ

Nombre real: Carmelo Gómez Celada.
Nacimiento: 2 de enero de 1962, en Sahagún (León).

Nacido en un pueblo leonés se traslada pronto a Salamanca, donde compatibiliza diversos oficios con un grupo de teatro semiprofesional que le anima a probar suerte en Madrid. Al ingresar en la Escuela de Arte Dramático conoce a MIGUEL NARROS con el que pronto trabaja en el Teatro Español. En 1986 debuta en el cine con un pequeño papel en **«El viaje a ninguna parte»**, de FERNANDO FERNÁN-GÓMEZ, pero es con **«Vacas»** (1992) y **«La ardilla roja»** (1993), ambas de JULIO MEDEM, cuando empieza a destacar su buen hacer en la gran pantalla. IMANOL URIBE le da la oportunidad de demostrar su profesionalidad en **«Días contados»** (1994), convirtiéndose así en uno de los actores

revelación del cine español. Este mismo año hace con JOSÉ LUIS GARCI **«Canción de cuna»** y, tras lograr un enorme éxito televisivo en la serie **«LA REGENTA»** de FERNANDO MÉNDEZ-LEITE, vuelve a coincidir con MEDEM, su director fetiche, en **«Tierra»** (1996), película onírica, sugerente y personal. A la órdenes de PILAR MIRÓO rueda dos títulos importantes del cine español: **«El perro del hortelano»**, donde deja aflorar su *vis cómica*, y **«Tu nombre envenena mis sueños»**. Comparte cartel con IMANOL ARIAS en **«Territorio comanche»** de GERARDO HERRERO, y dirigido por MONTXO ARMENDÁRIZ nos regala **«Secretos del corazón»** (1997), una película intimista y mágica sobre la mirada infantil en el mundo de los adultos. Un año más tarde coincide de nuevo con IMANOL URIBE en **«Extraños»**, junto a INGRID RUBIO y MARÍA CASAL.

Impacto cinematográfico

Actor de físico recio y severo, que en nada se corresponde con su apasionado carácter. La enorme presencia y magnetismo que presta a sus personajes, siempre a través de la mirada, tienen como resultado una total credibilidad. En 1988 recibe el Premio Ricardo Calvo de Teatro y el Premio Casa de Córdoba, y en 1992 se le otorga el Premio de la Unión de Actores al mejor intérprete por **«Vacas»**, su primera incursión con Julio Medem. En ese mismo año, le es concedido el Premio a la mejor interpretación masculina en el Festival du Film de Cultures Mediterrannes de Bastía por **«Después del sueño»**. Pero es con **«Días contados»** (1994)

cuando se le reconoce su enorme profesionalidad al serle otorgado el Premio Goya al mejor actor, el Fotogramas de Plata al mejor actor de cine, el Premio de la Unión de Actores a la mejor interpretación protagonista y el Premio Nacional de Cinematografía. Dos años más tarde, es de nuevo galardonado con el Fotogramas de Plata al mejor actor de cine por **«El perro del hortelano»**, recibiendo también por este papel una nominación de la Academia. Asimismo, posee el Premio del Círculo de Escritores Cinematográficos y ha visto recompensada su labor en la pequeña pantalla con el Fotogramas de Plata por **«LA REGENTA»** (1994). Actor de gran sobriedad, sus interpretaciones rebosan humanidad, fuerza, coraje y personalidad.

Filmografía

1986. El viaje a ninguna parte, de Fernando Fernán Gómez. **1988. Loco veneno**, de Miguel Hermoso. **1989. Bajarse al moro**, de Fernando Colomo. **1992. Vacas**, de Julio Medem. **Después del sueño**, de Mario Camus. **1993. La ardilla roja**, de Julio Medem. **1994. Días contados**, de Imanol Uribe. **El detective y la muerte**, de Gonzalo Suárez. **Canción de cuna**, de José Luis Garci. **1995. Entre rojas**, de Azucena Rodríguez. **1996. Tierra**, de Julio Medem. **El perro del hortelano**, de Pilar Miró. **Tu nombre envenena mis sueños**, de Pilar

Miró. **1997. Territorio comanche**, de Gerardo Herrero. **Secretos del corazón**, de Montxo Armendáriz. **Mararía**, de Antonio José Betancor. **1998. Extraños**, de Imanol Uribe. **Yoyes**, de Helena Taberna. **Entre las piernas**, de Manuel Gómez Pereira.

• Además, ha trabajado para la **televisión** en las **series: Muerte a destiempo**, de Javier Macua (1989); **El Quijote**, de Manuel Gutiérrez Aragón (1991); **La Regenta**, de Fernando Méndez-Leite (1994).

• En **teatro**, ha representado las siguientes obras: **La Regenta**, con la Compañía Garufa (1984); **El concierto de San Ovidio** de Buero Vallejo, dirigida por Miguel Narros (1987); **El sueño de una noche de verano** de Shakespeare, bajo la dirección de Miguel Narros (1987); **Los balcones de Madrid**, dirigida por Angel Gutiérrez (1988); **La malquerida**, bajo la dirección de Miguel Narros (1988); **El caballero de Olmedo**, dirigido por Miguel Narros (1990/91); **Lope de Aguirre, traidor**, dirección de José Luis Gómez (1992); **A puerta cerrada**, de Miguel Narros (1993); **La gata sobre el tejado de zinc caliente** de Tennessee Williams (es sustituido por Toni Cantó).

Fernando Guillén

FERNANDO GUILLÉN

Nombre real: Fernando Guillén Gallego.
Nacimiento: 29 de noviembre de 1931, en Barcelona.

Se inicia profesionalmente en el mundo teatral, y en 1954 debuta en la gran pantalla con **«Un día perdido»** de JOSÉ MARÍA FORQUÉ. Tras una larga lista de películas, entre las que podríamos destacar **«Una señora estupenda»**, **«Obsesión»** o **«El caso Almería»**, PEDRO ALMODÓVAR le rescata en 1987 para **«La ley del deseo»**, repitiendo un año más tarde con el director manchego en **«Mujeres al borde de un ataque de nervios»**. Sin embargo, es GONZALO SUÁREZ quien le ofrece en 1991 su primer gran personaje en **«Don Juan en los infiernos»**, interpretando dos años más tarde su segundo protagonista en **«La fiebre del oro»** de GONZALO HERRALDE. A las órdenes de ANTONIO GIMÉ-NEZ-RICO rueda **«Tres palabras»** (1993) y, tras compartir cartel con CONCHA VELASCO en **«Más allá del jardín»** de PEDRO OLEA, se pone a las órdenes de JOSÉ LUIS GARCI en **«La herida luminosa»**, donde le da la réplica a CAYETANA GUILLÉN CUERVO. En cuanto a la pequeña pantalla, consigue una gran popularidad a través de la serie **«LA SAGA DE LOS RIUS»**, interviniendo luego en títulos televisivos de gran audiencia tales como **«LA HUELLA DEL CRIMEN»**, **«HISTORIAS DEL OTRO LADO»** o **«UNA GLORIA NACIONAL»**. En 1997 rueda de nuevo a las órdenes de GARCI **«EL ABUELO»**, serie en donde vuelve a trabajar junto a su hija. Casado desde 1960 con la actriz Gemma Cuervo tiene tres hijos, siendo dos de ellos, Fernando y Cayetana, también actores.

Impacto cinematográfico

De sólida formación teatral, ha participado también en un gran número de producciones cinematográficas y televisivas. En 1967 recibe el Premio Ondas al mejor actor de televisión y el Premio Solidaridad Nacional al mejor actor. En 1971 le es otorgado el Premio de la Crítica de Madrid, siéndole concedido un año más tarde el Premio Nacional de Teatro. Medalla de Oro de la ciudad de Valladolid en 1976, es merecedor al año siguiente del Premio «TP» al mejor actor de cine. Nominado a los Premios de la Academia como mejor actor de reparto por **«La noche oscura»** (1989), consigue el Premio Goya al mejor actor por su impecable **«Don Juan en los infiernos»**, interpretación que le proporciona también el Fotogramas de Plata al mejor actor de cine y el Premio de la Generalitat.

Filmografía

1954. Un día perdido, de José María Forqué. **1957. La frontera del miedo**, de Pedro Lazaga. **Las de Caín**, de Antonio Momplet. **1963. El mundo sigue**, de Fernando Fernán-Gómez. **Vida de familia**, de José Luis Font. **La boda**, de Lucas Demare. **1964. Búsqueme a esa chica**, de Fernando Palacios. **1965. Trampa bajo el sol**, de Gilles Grangier. **1967. Una señora estupenda**, de Eugenio Martín. **1968. Un día es un día**, de Francisco Prósper. **1969. Matrimonios separados**, de Mariano Ozores. **Pepa Doncel**, de Luis Lucia. **1970. La decente**, de José Luis Sáenz de Heredia. **Vente a Alemania, Pepe**, de Pedro Lazaga. **1971. La primera entrega**, de Angelino Fons. **1973. El amor empieza a medianoche**, de Pedro Lazaga. **Cebo para un adolescente**, de Francisco Lara Polop. **1974. Obsesión**, de Francisco Lara Polop. **1975. El adúltero**, de Ramón Fernández. **1977. Chely**, de Ramón Fernández. **1979. Un millón por tu historia**, de Ignacio F.Iquino. **1980. Dos pillos y pico**, de Ignacio F.Iquino. **Los últimos golpes de El Torete**, de José Antonio de la Loma. **El vicario de Olot**, de Ventura Pons. **1981. La gran quiniela**, de Joaquín Coll Espona. **1982. Asalto al Banco Central**, de Santiago Lapeira. **1983. El caso Almería**, de Pedro Costa. **1984. Memorias del general Escobar**, de José Luis Madrid. **El pico II**, de Eloy de la Iglesia. **1986. Adela**, de Carlos Balagué. **Redondela**, de Pedro Costa. **Barcelona**, de Ferrán Llagostera. **Pasaje a Ibiza**, de Ferrán Llagostera. **1987. La ley del deseo**, de Pedro Almodóvar. **La estanquera de Vallecas**, de Eloy de la Iglesia. **La rusa**, de Mario Camus. **El gran Serafín**, de José María Díaz Ulloque. **Barcelona Connection**, de Miguel Iglesias. **1988. Mujeres al borde de un ataque de nervios**, de Pedro Almodóvar. **El amor es extraño**, de Carlos Balagué. **La puñalada**, de Jorge Grau. **1989. La noche oscura**, de Carlos Saura. **Demasiado viejo para morir joven**, de Isabel Coixet. **Continental**, de Xavier Villaverde. **1990. La luna negra**, de Imanol Uribe. **La telaraña**, de Antoni Verdaguer. **El invierno en Lisboa**, de José Antonio Zorrilla. **¿Qué te juegas, Mari Pili?**, de Ventura Pons. **Doblones de a ocho**, de Andrés Linares. **Martes de Carnaval**, de Pedro Carvajal. **1991. Don Juan en los infiernos**, de Gonzalo Suárez. **1992. Acción mutante**, de Alex de la Iglesia. **1993. El aliento del diablo**, de Paco Lucio. **El amante bilingüe**, de Vicente Aranda. **¿Por qué lo llaman amor cuando quieren decir sexo?**, de Manuel Gómez Pereira. **La fiebre del oro**, de Gonzalo Herralde. **Tirano Banderas**, de José Luis García Sánchez. **Tres palabras**, de Antonio Giménez-Rico. **Havanera 1820**, de Antoni Verdaguer. **1994. La nave de los locos**, de Ricardo Wullicher. **Sálvate si puedes**, de Joaquín Trincado. **1996. La leyenda de la doncella**, de Juan Pinzás (titulada originariamente *El abejón*). **Más allá del jardín**, de Pedro Olea. **Los corsarios del chip**, de Rafael Alcázar. **1997. La herida luminosa**, de José Luis Garci. **La vida privada**, de Vicente Pérez Herrero.

• Además, ha trabajado para la **televisión** en las **series: La saga de los Rius**, de Pedro Amalio López (1976); **La huella del crimen (El crimen del capitán Sánchez)**, de Vicente Aranda (1984); **Los jinetes del alba**, de Vicente Aranda (1989); **Historias del otro lado (El que decide)**, de José Luis Garci (1991); **Una gloria nacional**, de Jaime de Armiñán (1991); **Cuentos de Borges (La otra historia de Rosendo Juárez)**, de Gerardo Vera (1991); **A su servicio** (1994) y **El abuelo**, de José Luis Garci (1997).

• En cuanto al **teatro** ha representado, entre otras, **El malentendido** de Camus, dirigida por Adolfo Marsillach.

• En 1967 forma una compañía teatral junto a Adolfo Marsillach, Nuria Espert y Gemma Cuervo.

Cayetana Guillén Cuervo

CAYETANA GUILLÉN CUERVO

Nombre real: Cayetana Guillén Cuervo Gallego de Ygartua.
Nacimiento: 13 de junio de 1970, en Madrid.

Hija de los actores FERNANDO GUILLÉN y GEMMA CUERVO, se cría entre las bambalinas y el celuloide. Estudia Periodismo en la Universidad Complutense de Madrid y a los quince años inicia su carrera en televisión en la serie de PEDRO MASÓ **«SEGUNDA ENSEÑANZA».** En 1988 llega su debut cinematográfico de la mano de IMANOL URIBE en **«La luna llena»** y tras encarnar papeles secundarios en **«Amo tu cama rica», «Un paraguas para tres», «Los hombres siempre mienten»** y **«La marrana»,** consigue por fin hacerse con dos protagonistas muy contrastadas entre sí: la mujer sin escrúpulos de **«Más que amor, frenesí»** (1996) de ALBACETE-BARDEM-MENKES y la cándida monja de **«La herida luminosa»** (1997) de JOSÉ LUIS GARCI, donde comparte cartel con FERNANDO GUILLÉN. Tras dar vida a una manipuladora mujer en **«Hazlo por mí»,** vuelve a coincidir con GARCI en la serie de televisión **«EL ABUELO»,** basada en la novela de BENITO PÉREZ GALDOS, trabajando de nuevo con su padre. Ha interpretado numerosas obras de teatro entre las que destacan **La gran sultana** y **Fuente Ovejuna,** ambas dirigidas por ADOLFO MARSILLACH. Y en cuanto a la pequeña pantalla ha participado en series como **«COLEGIO MAYOR»** o **«YO, UNA MUJER»,** junto a CONCHA VELASCO. Como periodista, ha hecho colaboraciones en prensa, radio y televisión.

Impacto cinematográfico

Realidad más que promesa del nuevo cine español, cuenta con los suficientes registros como para salir bien librada de cualquier interpretación. Reflejo, por lo general, de personajes femeninos fríos y calculadores con cierto toque de *sex-symbol*, ha superado con igual fortuna su trabajo en los tres medios en los que se ha movido: el cine, el teatro y la televisión. Merecedora del Premio a la mejor actriz en la XVIII Edición de la Mostra de Valencia por su papel en **«Hazlo por mí»,** se nos presenta hoy como la musa de directores veteranos y noveles.

Filmografía

1988. La luna llena, de Imanol Uribe. **1989. El camino de Tokland,** de Domingo Solano. **1990. El amor sí tiene cura,** de Javier Aguirre. **1991. Amo tu cama rica,** de Emilio Martínez Lázaro. **Un paraguas para tres,** de Felipe Vega. **1992. La marrana,** de José Luis Cuerda. **1994. Los hombres siempre mienten,** de Antonio del Real. **1995. Historias del Kronen,** de Montxo Armendáriz. **1996. Los corsarios del chip,** de Rafael Alcázar. **Más que amor, frenesí,** de Alfonso Albacete, Miguel Bardem y David Menkes. **1997. La herida luminosa,** de José Luis Garci. **Atómica,** de Alfonso Albacete y David Menkes. **Hazlo por mí,** de Angel Fernández-Santos. **Sí quiero,** de Eneko Olasagasti y Carlos Zabala. **La sombra de Caín,** de Paco Lucio. **Todo sobre mi madre** (que también podría titularse **El cuaderno sucio),** de Pedro Almodóvar *(proyecto).*

• Ha intervenido en el **cortometraje** de Icíar Bollaín **«Los amigos del muerto»** (1994), galardonado con varios premios en distintos festivales de cine; y en el cortometraje **«Amor digital»,** de Ramón Margareto (1995).

• Además, ha trabajado para la **televisión** en las **series: La huella del crimen** (episodio «El crimen de la estanquera de Sevilla», de Ricardo Franco) (1989); **Segunda enseñanza,** de Pedro Masó (1985); **Colegio mayor,** de Rafael Moleón (1993); **Historias de la puta mili,** de Jesús Font (1994); **Yo, una mujer,** de Ricardo Franco (1995), y **El abuelo,** de José Luis Garci (1997). También ha protagonizado el **telefilm** **«Flores negras»,** de Óscar Aibar (1998).

• También para la **televisión,** ha participado en los programas **«¿Y QUIÉN ES ÉL?»** y **«HERMIDA Y COMPAÑÍA».**

• En cuanto al **teatro,** ha representado las siguientes obras: **Coque-Luche,** dirigida por Victor Andrés Catena; **Rudens,** bajo la dirección de Antonio Corencia; **Séneca o el beneficio de la duda,** dirección de Manuel Collado; **Los ochenta son nuestros** de Ana Diosdado, dirigida por Jesús Puente; **Una farola en el salón,** bajo la dirección de César Oliva; **Entre bobos anda el juego,** dirigida por Angel García Sánchez; **Thriller imposible,** bajo la dirección de Angel García Sánchez; **La gran sultana,** dirigida por Adolfo Marsillach; **Fuenteovejuna,** dirección de Adolfo Marsillach.

Fernando Guillén Cuervo

FERNANDO GUILLÉN CUERVO

Nombre real: Fernando Guillén Cuervo Gallego de Ygartua.
Nacimiento: 11 de Marzo de 1963, en Madrid.

Hijo de los actores FERNANDO GUILLÉN y GEMMA CUERVO cursa estudios de Imagen y Sonido en la Universidad, además de Arte Dramático con WILLIAM LAYTON y CRISTINA ROTA. En 1981 comienza su carrera artística como ayudante de dirección del Teatro Bellas Artes de Madrid, debutando como actor en los escenarios con la obra **El día de la gloria**. En 1982 se inicia en la gran pantalla de la mano de SANTIAGO SAN MIGUEL en **«Crimen de familia»**, y cinco años más tarde trabaja con FERNANDO GUILLÉN en **«La ley del deseo»** de PEDRO ALMODÓVAR. A las órde-nes de FERNANDO FERNÁN-GÓMEZ rueda en 1989 **«El mar y el tiempo»**, y al año siguiente interviene en el reparto de la polémica **«Las edades de Lulú»** de BIGAS LUNA. Tras **«1492, la conquista del paraíso»** de RIDLEY SCOTT, hace con ANTONIO GIMENEZ-RICO **«Tres palabras»**, y en 1995 consigue un gran reconocimiento de crítica y público con su recreación en **«Boca a boca»** de MANUEL GOMEZ PEREIRA. A las órdenes de JUANMA BAJO ULLOA protagoniza en 1997 **«Airbag»**, de cuyo guión es también co-autor. Entre los proyectos más inmediatos de FERNANDO GUILLÉN CUERVO figura el que será su debut como **director de largometrajes: «1999, Año Mariano»**, protagonizada por su compañero y amigo KARRA ELEJALDE.

Impacto cinematográfico

Reflejando una imagen de chico tierno y sensible en la mayor parte de su filmografía, FERNANDO GUILLÉN CUERVO nos sorprende con una versatilidad no conocida hasta entonces en **«Boca a boca»** (1995), película por la que es nominado en los Premios Goya al mejor actor de reparto. No satisfecho con su faceta de intérprete, ha entrado también en el campo del guión y dirección de cine.

Filmografía

1982. Crimen en familia, de Santiago San Miguel. **1985. Nosotros en particular**, de Domingo Solano. **1987. La ley del deseo**, de Pedro Almodóvar. **La señora**, de Jordi Cadena. **Oficio de muchachos**, de Carlos Romero Marchent. **1989. El mar y el tiempo**, de Fernando Fernán-Gómez. **1990. Boom, boom**, de Rosa Vergés. **Las edades de Lulú**, de Bigas Luna. **Doblones de a ocho**, de Andrés Linares. **1991. La noche más larga**, de José Luis García Sánchez. **1992. El laberinto griego**, de Rafael Alcázar. **1492, la conquista del paraíso**, de Ridley Scott. **1993. Tres palabras**, de Antonio Giménez-Rico. **Havanera 1820**, de Antoni Verdaguer. **A business affair**, de Charlotte Branstorm. **1994. El día nunca**, de Julián Esteban Ribera. **Campaña Seguridad Vial DGT**, de Jonathan Gelabert (largometraje institucional). **1995. Boca a boca**, de Manuel Gómez Pereira. **1996. Los corsarios del chip**, de Rafael Alcázar. **Calor y celos**, de Javier Rebollo. **1997. Airbag**, de Juanma Bajo Ulloa. **Un buen novio**, de Chus Delgado.

• Ha **dirigido el cortometraje «Robo en el cine Capitol»** (1997), protagonizado por Ana Alvarez y Karra Elejalde.

• También ha intervenido en el mediometraje **«Alsasua 1936»**, de Elena Taberna; y en el cortometraje **«Matar a Elizabeth»** (*Shooting Elizabeth*), de Baz Taylor (1993).

• Además, ha trabajado para la **televisión** en las **series: Turno de oficio**, de Antonio Mercero (1986); **Historias del otro lado (El que decide)**, de José Luis Garci (1991), y **Juego de espejo**, de José María Sánchez (1998). También ha protagonizado el telefilm **«Flores negras»**, de Óscar Aibar (1998).

• También para la **televisión** presenta, junto a Maribel Verdú, el programa de cine **«PRIMER PLANO»** (para Canal Plus).

• Junto a Loles León, realiza las funciones de anfitrión en la ceremonia de entrega de los Premios Unión de Actores 1992.

• En cuanto al **teatro**, ha representado las siguientes obras: **El día de gloria**; **Don Juan Tenorio**; y **Eclipse total**.

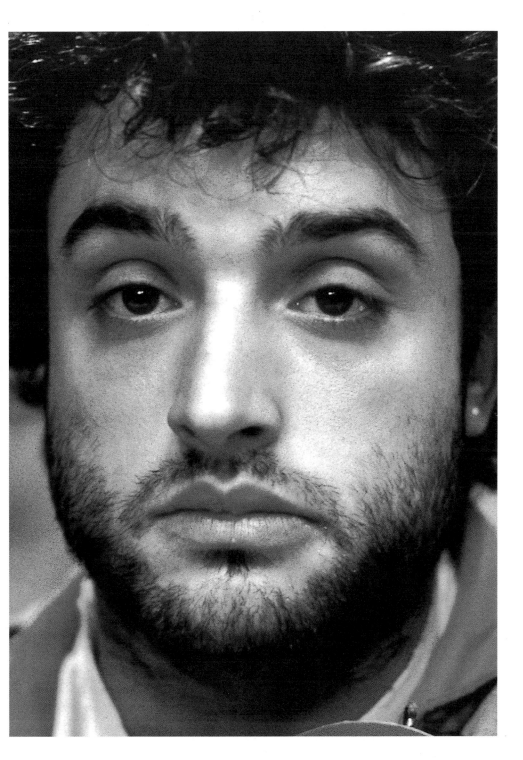

Daniel Guzmán

DANIEL GUZMÁN

Nombre real: Daniel García Pérez Guzmán.
Nacimiento: 21 de septiembre de 1973, en Madrid.

Estudia Arte Dramático en el laboratorio de WILLIAM LAYTON y, tras realizar diversos cursos de interpretación, se inicia en el teatro en 1987 con **El médico a palos** de Molière. Interviene en diferentes cortometrajes y hace un pequeño papel en la serie de televisión **«HERMANOS DE LECHE»**, para conseguir en 1994 su primer protagonista cinematográfico en **«Eso»** de FERNANDO COLOMO. Un año más tarde rueda **«Puede ser divertido»** y **«Hola, ¿estás sola?»** antes de interpretar a Max en **«Extasis»** de MARIANO BARROSO, película que le sitúa entre los nuevos valores del cine español. En 1997 pone **«El grito en el cielo»**, tercer largometraje de FÉLIX SABROSO y DUNIA AYASO, junto a jóvenes actores del momento, compartiendo asimismo cartel con ANTONIO RESINES en **«Una pareja perfecta»**. En la pequeña pantalla consigue también popularidad como el hijo de El Fary en la serie **«MENUDO ES MI PADRE»**.

Impacto cinematográfico

Dotado de una aptitud especial para encarnar a chicos a los que la vida se les pone en contra, DANIEL GUZMÁN es ya uno de los jóvenes rostros con más proyección del cine español.

Filmografía

1994. Eso, de Fernando Colomo. **1995. Puede ser divertido**, de Azucena Rodríguez. **Hola, ¿estás sola?**, de Icíar Bollaín. **Extasis**, de Mariano Barroso. **1997. El grito en el cielo**, de Félix Sabroso y Dunia Ayaso. **Suerte**, de Ernesto Tellería. **Una pareja perfecta**, de Francesc Betriú. **1998. Rewind**, de Nicolás Muñoz. **Aunque tú no lo sepas,** de Juan Vicente Córdoba *(proyecto)*. **Pasando el tiempo,** de Jorge Castillo *(proyecto)*.

• Junto a Leire Berrocal, ha protagonizado el **cortometraje «Entrevías»**, de Mariano Barroso. También interviene en los cortos **«Sirenas»**, de Fernando León de Aranoa (1995); y **«El olor del vientre»**, de Beatriz Castro (1998).

• Además, ha trabajado para la **televisión** en las **series: Crónicas urbanas** (1991); **Colegio mayor**, de Rafael Moleón (1993); **Hermanos de leche**, de Carlos Serrano (1994); y **Menudo es mi padre**, de Manuel Valdivia (1996).

• En **teatro**, ha representado las siguientes obras: **El médico a palos** de Molière (1987); **Yonquis y Yanquis**, de José Luis Alonso de Santos; **Joe Killer (El asesino)**, de Jesús Cracio (1998).

Lucía Jiménez

LUCÍA JIMÉNEZ

Nombre real: Lucía Jiménez Arranz.
Nacimiento: 21 de Noviembre de 1978, en Segovia.

Integrante, en su ciudad natal, del Taller Municipal de Teatro y de un grupo de rock, es elegida para protagonizar «La buena vida», debut como director de DAVID TRUEBA. Un año más tarde, interviene junto a ANTONIO RESINES en «Una pareja perfecta» de FRANCESC BETRIÚ. En televisión, consigue una enorme popularidad con la serie juvenil «AL SALIR DE CLASE».

Impacto cinematográfico

Nominada en los Premios Goya como mejor actriz revelación por «La buena vida», LUCÍA JIMÉNEZ es un nuevo rostro a tener en cuenta en el más reciente cine español.

Filmografía

1996. La buena vida, de David Trueba. **1997. Una pareja perfecta**, de Francesc Betriú. **1998. No se lo digas a nadie,** de Francisco Lombardi.

• Junto a Kiti Manver y Daniel Guzmán, interviene en el **cortometraje «El olor del vientre»** de Beatriz Castro.

• Además, ha trabajado para la **televisión** en la **serie Al salir de clase**, de Antonio Cuadri (1997).

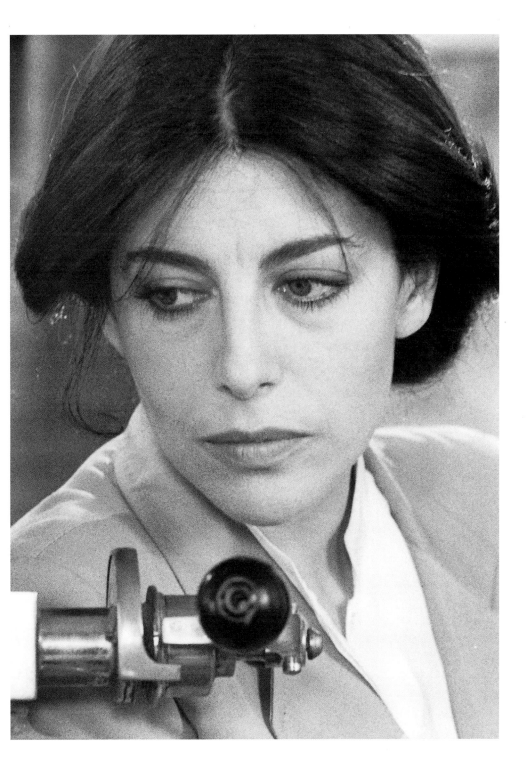

Charo López

CHARO LÓPEZ

Nombre real: María Rosario López Piñuelas.
Nacimiento: 28 de octubre de 1943, en Salamanca.

Tras estudiar Filosofía y Letras aprende interpretación en la Escuela Oficial de Cinematografía, destacando más adelante sus trabajos en el Teatro Español de Madrid bajo la dirección de MIGUEL NARROS. En 1967 debuta en la gran pantalla con **«Ditirambo»,** primer encuentro de la actriz con el director GONZALO SUÁREZ, figura fundamental en su carrera cinematográfica. A las órdenes de MARIO CAMUS rueda **«La leyenda del alcalde de Zalamea»** (1972), y con GONZALO GARCÍA PELAYO encarna a **«Manuela»** antes de ser dirigida una vez más por GONZALO SUÁREZ en **«Parranda»** (1977). Trabaja activamente en el teatro y participa en irregulares películas, y en 1980 logra un gran éxito profesional, a través de la pequeña pantalla, con su inolvidable Mauricia de la serie **«FORTUNATA Y JACINTA»** de MARIO CAMUS. Éxito que corrobora un año más tarde con otra serie de televisión: **«LOS GOZOS Y LAS SOMBRAS»** de RAFAEL MORENO ALBA en la que, arropada por un maravilloso reparto, da vida al personaje de Clara. El

Impacto cinematográfico

Actriz de ojos penetrantes, mirada clara y limpia, y una maravillosa sensualidad en la voz y en los gestos, CHARO LÓPEZ recibe en los Premios de la Academia una nominación como mejor actriz por **«Lo más natural»** (1990), antes de conseguir el Premio Goya a la mejor actriz de reparto por **«Secretos del corazón»** (1997), papel por el que también se le otorga el Premio de la Unión de Actores a la mejor interpretación de carácter secundario y el Premio a la

prestigio conseguido, a nivel interpretativo, con estas dos estupendas producciones le permite protagonizar películas de mayor interés como **«La colmena»** (1982) de MARIO CAMUS, **«Epílogo»** (1983) de GONZALO SUÁREZ, o **«Ultimas tardes con Teresa»** (1984) de GONZALO HERRALDE. En 1985 MARIO CAMUS cuenta con ella para **«La vieja música»,** y BASILIO MARTÍN PATINO hace otro tanto en **«Los paraísos perdidos».** Un año más tarde, interviene en **«Tiempo de silencio»** de VICENTE ARANDA, para luego vivir un apasionado romance con MIGUEL BOSÉ en **«Lo más natural»** (1990) de JOSEFINA MOLINA. De nuevo bajo la dirección de GONZALO SUÁREZ participa en **«Don Juan en los infiernos»** (1991) y **«El detective y la muerte»** (1994). Pero es en 1997 donde, a través de su personaje en la entrañable **«Secretos del corazón»** de MONTXO ARMENDÁRIZ, se nos presenta vital y seductora, llena de sensualidad, en una recreación muy elogiada por la crítica y el público. En los escenarios, triunfa por toda España con el monólogo de DARIO FO **Tengamos el sexo en paz**, donde nos habla de las experiencias sexuales con extraordinaria sensibilidad.

mejor actriz de reparto en el Festival de Cine de Cartagena de Indias. En el ámbito teatral, es galardonada con el Premio Cartelera Turia y el Fotogramas de Plata a la mejor actriz de teatro por **Tengamos el sexo en paz** (1997), habiendo quedado ya finalista en esta categoría por la obra **«Carcajada salvaje»** (1994). Definida como una *«belleza llena de prestigio»,* ha elaborado una carrera plena de dramáticas y hermosas mujeres, demostrándonos también una absoluta capacidad para la ironía y la comedia.

Filmografía

1967. Ditirambo, de Gonzalo Suárez. **1968. El hueso**, de Antonio Giménez Rico. **1969. El extraño caso del doctor Fausto**, de Gonzalo Suárez. **Me enveneno de azules**, de Francisco Regueiro. **1972. La leyenda del alcalde de Zalamea**, de Mario Camus. **1974. La Regenta**, de Gonzalo Suárez. **1975. Manuela**, de Gonzalo García Pelayo. **1976. Los placeres ocultos**, de Eloy de la Iglesia. **1977. Parranda**, de Gonzalo Suárez. **La Raulito en libertad**, de Lautaro Murúa. **1980. Historias de mujeres**, de Mauricio Walerstein. **1981. Adiós, querida mamá**, de Francisco Lara Polop. **1982. La colmena**, de Mario Camus.

Interior rojo, de Eugenio Anglada. **1983. Epílogo**, de Gonzalo Suárez. **1984. Ultimas tardes con Teresa**, de Gonzalo Herralde. **1985. La vieja música**, de Mario Camus. **Los paraísos perdidos**, de Basilio Martín Patino. **1986. Tiempo de silencio**, de Vicente Aranda. **1990. Lo más natural**, de Josefina Molina. **1991. Don Juan en los infiernos**, de Gonzalo Suárez. **1994. El detective y la muerte**, de Gonzalo Suárez. **1996. Pasajes**, de Daniel Calparsoro. **1997. Secretos del corazón**, de Montxo Armendáriz. **Blanca Madison**, de Carlos Amil *(proyecto).*

• Asimismo, ha prestado su personal **voz** al **documental «Asaltar los cielos»,** de Javier Rioyo y José Luis López Linares (1997).

• Además, ha trabajado para la **televisión** en las **series: El pícaro,** de Fernando Fernán-Gómez (1973); **Fortunata y Jacinta**, de Mario Camus (1980); **Los gozos y las sombras,** de Rafael Moreno Alba (1981); **Clase media,** de Vicente Amadeo (1987); **A su servicio (El jardín del paraíso),** de Gregorio Quintana (1994); **El rey de los últimos días** (miniserie), de Tom Toelle.

• En cuanto al **teatro**, ha representado las siguientes obras: **Carcajada salvaje** (1994); **Tengamos el sexo en paz** de Franca Rame, Darío Fo y Jacobo Fo, bajo la dirección de José Carlos Plaza (1997).

Sergi López

SERGI LÓPEZ

Nombre real: Sergi López.
Nacimiento: 22 de diciembre de 1965, en Vilanova i la Geltrú (Cataluña).

Tras matricularse en la Escuela Internacional de Teatro de JACQUES LECOQ, en París, es elegido en 1991 por el director galo MANUEL POIRIER para **«La petite amie d'Anto-** **nio»,** primera de las películas que rueda con el mencionado realizador. En 1997 protagoniza a sus órdenes la *road movie* **«Western»,** y dirigido por VENTURA PONS interviene en **«Caricias».** Un año más tarde, participa en la producción francesa **«La capital del mundo»** de ERIC BARBIER, junto a MARIBEL VERDÚ.

Impacto cinematográfico

Intérprete catalán de origen teatral, es el actor fetiche del director francés Manuel Poirier. Un tanto apartado del mun- dillo cinematográfico, su inclinación profesional se vuelca más hacia los espectáculos de producción propia en teatro *amateur.*

Filmografía

1991. La petite amie d'Antonio, de Manuel Poirier. **1997. Western,** de Manuel Poirier. **Caricias,** de Ventura Pons. **1998. La capital del mundo,** de Eric Barbier. **Lisboa,** de Antonio Her- nández. **El día que murió Judy Garland,** de Vicente Mora (*proyecto*). **Entre las piernas,** de Manuel Gómez Pereira. **La nouvelle Eve,** de Catherine Corsini. **Arde amor,** de Raúl Veiga.

• En cuanto al **teatro,** ha represen- tado las siguientes obras: **Brams o la** **komedia de los herrores,** dirigida por Toni Albà (1986/1990); **Hasta el fondo,** bajo la dirección de Toni Albà (1993/1994) (Premio de la Crítica de Barcelona).

Coque Malla

COQUE MALLA

Nombre real: Jorge Malla Valle.
Nacimiento: 22 de octubre de 1970, en Madrid.

Hijo de la actriz Amparo Valle y del actor y director teatral Gerardo Malla, deja los estudios a los quince años para dedicarse a la música. Pronto le llega el éxito como solista del grupo LOS RONALDOS. Su debut en el cine tiene lugar en 1992 a través del cortometraje de ÁLVARO FERNÁNDEZ ARMERO **«El columpio»**, junto a Ariadna Gil. En el mundo del largometraje se inicia con **«MadreGilda»** de FRANCISCO REGUEIRO y **«¡Dispara!»** de CARLOS SAURA. Pero es en 1994 cuando consigue su primer protagonista en **«Todo es mentira»** de ÁLVARO FERNÁNDEZ ARMERO, esta vez junto a PENÉLOPE CRUZ. Al año siguiente protagoniza **«La leyenda de Balthasar el castrado»** de JUAN MIÑÓN y, a las órdenes de FERNANDO COLOMO, rueda **«El efecto mariposa»** junto a MARÍA BARRANCO. En 1998, una vez más dirigido por FERNÁNDEZ ARMERO, forma pareja con MARÍA ESTEVE en la película **«Nada en la nevera»**. No abandonando en ningún momento su faceta musical, ha compuesto la banda sonora de algunos de sus trabajos cinematográficos.

Impacto cinematográfico

Ya popular en el mundo de la música, da el salto a la gran pantalla de la mano de su compañero de colegio Alvaro Fernández Armero. Tras realizar pequeños papeles a las órdenes de conocidos directores, protagoniza en 1994 **«Todo es mentira»** que le supone una nominación como mejor actor revelación en los Premios Goya.

Filmografía

1993. MadreGilda, de Francisco Regueiro. **¡Dispara!**, de Carlos Saura. **1994. Todo es mentira**, de Alvaro Fernández Armero. **1995. La leyenda de Balthasar el castrado**, de Juan Miñón. **El efecto mariposa**, de Fernando Colomo. **1998. Nada en la nevera**, de Alvaro Fernández Armero.

• Junto a Ariadna Gil ha interpretado el **cortometraje «El columpio»**, de Alvaro Fernández Armero (1992), que recibió el Premio Goya al mejor cortometraje de ficción. También ha compuesto la banda sonora de dicho corto.

• Asimismo, ha compuesto la banda sonora original de la película **«Todo es mentira»** (1994); y la música de las obras: «TRAMPA PARA PÁJAROS», dirigida por Gerardo Malla; y «ARIA», interpretada por Amparo Valle.

• Es el lider del grupo pop musical LOS RONALDOS, con el que ha editado cinco elepés.

Achero Mañas

ACHERO MAÑAS

Nombre real: Juan Mañas Amyach.
Nacimiento: 5 de septiembre de 1968, en Madrid.

Hijo del dramaturgo ALFREDO MAÑAS y de la actriz PALOMA LORENA, aprende interpretación en el Actor's Studio de Nueva York. Debuta en la gran pantalla como actor infantil en «Las aventuras de Enrique y Ana» y, tras participar en títulos como «El placer de matar» de FÉLIX ROTAETA o «1492, la conquista del paraíso» de RIDLEY SCOTT, en 1995 interpreta su primer protagonista en «Bel-monte» de JUAN SEBASTIÁN BOLLAÍN. Ese mismo año rueda a las órdenes de MANUEL GUTIÉRREZ ARAGÓN «El rey del río», junto a actores de la talla de ALFREDO LANDA o CARMEN MAURA, y con AITAINA SÁNCHEZ-GIJÓN interviene en «La ley de la frontera» de ADOLFO ARISTA-RAIN. En 1996 comparte cartel con FERNANDO GUILLÉN en «La leyenda de la doncella» de JUAN MIÑON. En la pequeña pantalla consigue pronto la popularidad gracias a la serie de JOSÉ LUIS PAVÓN «COLEGIO MAYOR», donde comparte cartel con actores de su misma generación.

Impacto cinematográfico

Rostro conocido por su personaje en la serie «COLEGIO MAYOR», ACHERO MAÑAS ha prolongado en el cine su papel de caradura callejero. Finalista en 1991 a los Fotogramas de Plata como mejor actor de televisión por las series «BIENVENIDA Y ADIÓS» y «UNA HIJA MÁS», es hoy uno de los jóvenes actores con mayor proyección de los últimos tiempos. Su inquietud cinematográfica le ha llevado a la dirección de cortometrajes, recibiendo por «Cazadores» (1997) el Premio Goya al mejor corto de ficción y el Segundo Premio del Jurado en el Festival Ibérico de Cine de Badajoz.

Filmografía

1980. Las aventuras de Enrique y Ana, de Ramón Fernández. **1987. La guerra de los locos**, de Manuel Matji. **1988. El placer de matar**, de Félix Rotaeta. **La puñalada**, de Jorge Grau. **1992. ¿Matar a mi mujer?, era una broma (v)**, de Baz Taylor. **1492, la conquista del paraíso**, de Ridley Scott. **1993. ¡Dispara!**, de Carlos Saura. **Historias de la puta mili**, de Manel Esteban. **1995. Belmonte**, de Juan Sebastián Bollaín. **El rey del río**, de Manuel Gutiérrez Aragón. **La ley de la frontera**, de Adolfo Aristarain. **Así en el cielo como en la tierra**, de José Luis Cuerda. **1996. La leyenda de la doncella**, de Juan Pinzás (titulada originariamente *El abejón*).

• Ha **dirigido** los siguientes **cortometrajes**: «**Metro**» (1995); «**Cazadores**» (1997) (galardonado con el Premio Goya al mejor cortometraje de ficción). En 1998 tiene previsto su debut como director de largometrajes con el film «El Bola».

• Además, ha trabajado para la **televisión** en las **series: Bienvenida y adiós**; **Bethune: the making of a hero** (miniserie) (1990); **Una hija más**, de Isaac Montero (1991); **Un día volveré**, de Paco Betriú (1994); **Colegio Mayor**, José Luis Pavón (1995).

Cristina Marcos

CRISTINA MARCOS

Nombre real: Cristina Marcos.
Nacimiento: 19 de diciembre de 1963, en Vigo.

A los quince años es seleccionada por MANUEL GUTIÉRREZ ARAGÓN para la película **«Maravillas»** que supone su debut cinematográfico. Tras rodar con ANTONIO MERCERO **«La próxima estación»** (1982) desaparece del panorama artístico durante cinco años, período en el que estudia Filología Hispánica y recibe varios cursos de interpretación en la escuela de CRISTINA ROTA. Vuelve al cine con **«Al acecho»** de GERARDO HERRERO, llevando luego a cabo papeles secundarios en películas como **«Tacones lejanos»** (1991) y **«La ardilla roja»** (1993) y asomándose también al escenario teatral. En 1994 le llega su gran oportunidad de la mano de MANUEL GÓMEZ PEREIRA con **«Todos los hombres sois iguales»**, junto a JUANJO PUIGCORBÉ, IMANOL ARIAS y ANTONIO RESINES. Ese mismo año consigue afianzar su buen hacer, a través del personaje de la criada Petra, en la serie de televisión **«LA REGENTA»**, esta vez a las órdenes de FERNANDO MÉNDEZ-LEITE. Tras compartir cartel y celda con PENÉLOPE CRUZ y MARÍA PUJALTE en **«Entre rojas»**, cosecha un nuevo éxito en 1996 con **«Pon un hombre en tu vida»** de EVA LESMES, donde se convierte en un hombre hecho y derecho. Un año más tarde, en la piel de una ejecutiva agresiva, vuelve a coincidir con Puigcorbé en **«Corazón loco»** para luego meterse en un personaje con menor carga de comedia en **«Insomnio»** de CHUS GUTIÉRREZ.

Impacto cinematográfico

Mujer de enormes recursos, tanto en comedia como en drama, recibe en 1994 el Premio Goya a la mejor actriz por su excelente trabajo en **«Todos los hombres sois iguales»**, interpretación por la que se le otorga también un premio en el Festival de Punta del Este y es nominada en los Premios de la Unión de Actores. Ese mismo año se le reconoce su impecable trabajo en la serie **«LA REGENTA»** al conseguir el Premio de la Unión de Actores como mejor actriz secundaria y ser galardonada además en el Festival de Niza. En 1991 había sido ya nominada a los Premios de la Academia como mejor actriz de reparto por **«Tacones lejanos».** Su presencia en una película es hoy garantía absoluta de éxito.

Filmografía

1980. Maravillas, de Manuel Gutiérrez Aragón. **1982. La próxima estación**, de Antonio Mercero. **1987. Al acecho»**, de Gerardo Herrero. **Oficio de muchachos**, de Carlos Romero Marchent. **1989. Continental**, de Javier Villaverde. **1990. Tierra fría**, de Antonio Campos. **1991. Tacones lejanos**, de Pedro Almodóvar. **El infierno prometido**, de Juan Manuel Chumilla. **1992. La reina anónima**, de Gonzalo Suárez. **1993. La ardilla roja**, de Julio Medem.

1994. Todos los hombres sois iguales, de Manuel Gómez Pereira. **1995. Entre rojas**, de Azucena Rodríguez. **1996. Pon un hombre en tu vida**, de Eva Lesmes. **1997. Corazón loco**, de Antonio del Real. **Mamá es boba**, de Santiago Lorenzo. **Insomnio**, de Chus Gutiérrez.

• Además, ha trabajado para la **televisión** en las **series: Hablando claro**, de Manuel Valverde (1989); **La mujer de tu vida (La mujer feliz)**, de José Miguel Ganga (1989); **El olivar de Atocha**, de Carlos Serrano (1989); **Hasta luego, cocodrilo**, de Alfonso Ungría (1991); **Villarriba y Villabajo**, de Luis García Berlanga (1994); **La Regenta**, de Fernando Méndez-Leite (1994); y **Mar de dudas**, de Manuel Gómez Pereira (1995).

• En **teatro**, ha representado las siguientes obras: **Así pasen cinco años** de Federico García Lorca, dirigido por Miguel Narros; **El desdén con el desdén**, de Agustín Moreto; **Travesía**, de Fermín Cabal; **Morirás de otra cosa**, de Manuel Gutiérrez Aragón.

Fele Martínez

FELIPE MARTÍNEZ

Nombre real: Rafael Martínez.
Nacimiento: 22 de febrero de 1975, en Alicante.

Tras cursar estudios de interpretación, ingresa en la Escuela de Arte Dramático de Madrid. En 1996, el entonces director novel ALEJANDRO AMENÁBAR cuenta con él para su «**Tesis**» (1996), debut en la gran pantalla de FELE MARTÍNEZ en el papel de un morboso y tétrico personaje. Desde este momento, simultanea sus estudios con trabajos cinematográficos como «**El tiempo de la felicidad**» de MANUEL IBORRA, volviendo a coincidir con AMENÁBAR en «**Abre los ojos**», esta vez en un papel secundario. CHUS GUTIÉRREZ le incluye en su «**Insomnio**», y a las órdenes de JULIO MEDEM protagoniza en 1998 «**Los amantes del Círculo Polar**», junto a NAJWA NIMRI. Integrante del grupo de teatro «Sex-Peare», una formación independiente, ha participado en diversos montajes.

Impacto cinematográfico

Lanzado a un estrellato inesperado con «**Tesis**» (1996), recibe por esta película el Premio Goya al mejor actor revelación. El posterior éxito de «**Abre los ojos**» (1997) le garantiza una continuidad profesional en el cine más reciente.

Filmografía

1996. Tesis, de Alejandro Amenábar. **1997. El tiempo de la felicidad**, de Manuel Iborra. **Abre los ojos**, de Alejandro Amenábar. **Insomnio**, de Chus Gutiérrez. **1998. Los amantes del Círculo Polar**, de Julio Medem. **Lágrimas negras**, de Ricardo Franco y Fernando Bauluz (por fallecimiento del primero). **Y tú, ¿qué harías por amor?**, de Saura Medrano *(proyecto)*.

• Ha intervenido en el **cortometraje «Pasaia»**, de Mikel Aguirresarobe.

• En cuanto al **teatro**, ha participado en los siguientes montajes: **La lección** de Ionesco, dirigida por M.J.Garrido; **Doña Bellida la conversa**; y **El Tenorio**.

Carmen Maura

CARMEN MAURA

Nombre real: Carmen García Maura.
Nacimiento: 15 de septiembre de 1945, en Madrid.

Descendiente del político Antonio Maura, hace *café-teatro* con ROMANO VILLALVA y dirige una galería de arte antes de dedicarse por entero al cine, en el que debuta de la mano de CARLOS SERRANO con **«Las gatas tienen frío»** (1969). Tras llevar a cabo pequeñas intervenciones en películas como **«Leonor»** de JUAN LUIS BUÑUEL o **«La petición»** de PILAR MIRÓ, consigue en 1977 su primera protagonista en **«Tigres de papel»** de FERNANDO COLOMO, con el que también trabaja en **«¿Qué hace una chica como tú en un sitio como éste?»**. En 1978, representando la obra **Las manos sucias**, conoce a PEDRO ALMODÓVAR que la dirige dos años más tarde en **«Pepi, Luci, Bom y otras chicas del montón»**, primero de los seis títulos que ruedan juntos. Ese mismo año repite con PILAR MIRÓ en **«Gary Cooper que estás en los cielos»**, junto a MERCEDES SAMPIETRO, volviendo a coincidir con ALMODÓVAR en las películas **«Entre tinieblas»** y **«¿Qué he hecho yo para merecer esto?»**. En 1985 consigue una espléndida recreación dramática en **«Extramuros»** de MIGUEL PICAZO, y en **«Tata mía»** de JOSÉ LUIS BORAU comparte cartel con IMPERIO ARGENTINA y ALFREDO LANDA. De nuevo con ALMODÓVAR trabaja en **«Matador»** y **«La ley del deseo»**, formando en esta última un excelente trío interpretativo con EUSEBIO PONCELA y ANTONIO BANDERAS, y en 1988 realiza su, de momento, última colaboración con el director manchego en **«Mujeres al borde de un ataque de nervios»**. Dos años más tarde se le reconoce su magnífico trabajo en **«¡Ay, Carmela!»** de CARLOS SAURA, y en 1992 rueda **«Entre el cielo y la tierra»**, un verdadero canto a la maternidad, junto a JEAN-PIERRE CASSEL. Tras ser dirigida por MARIO CAMUS en **«Sombras en una batalla»** (1993), forma parte integrante de la comedia costumbrista **«La alegría está en el campo»**, y en 1995 da vida a una sofisticada mujer de mundo en **«El palomo cojo»** de JAIME DE ARMIÑÁN. Ese mismo año vuelve a coincidir con ALFREDO LANDA en **«El rey del río»** de MANUEL GUTIÉRREZ ARAGÓN, y comparte vecindario con JUANJO PUIGCORBÉ en la comedia negra **«Amores que matan»**. Junto a ROSA MARÍA SARDÁ sufre una continua crisis en **«Pareja de tres»**, y en **«Ellas»** (1996) de LUIS GALVAO TELES, es una de las cinco mujeres que han de enfrentarse a la edad madura. Junto a JULIETTE BINOCHE rueda **«Alice et Martin»** de ANDRÉ TÉCHINÉ, uniéndose luego a un grupo de cómicos en **«El cometa»**, antes de ponerse en 1998 a las órdenes de RICARDO LARRAIN en **«El entusiasmo»**. CARMEN MAURA adquiere una gran popularidad en la pequeña pantalla a través del programa de FERNANDO GARCÍA TOLA «ESTA NOCHE» y de series de televisión tales como **«LA HUELLA DEL CRIMEN»** o **«A LAS ONCE EN CASA»**.

Impacto cinematográfico

Muy bien considerada en Europa, tiene en su haber todos los premios que una actriz pueda desear. En 1977 recibe un galardón en el Festival de Cine de Humor de La Coruña por **«Tigres de papel»**. En la pequeña pantalla, se reconoce en 1981 con un Fotogramas de Plata su labor como presentadora del programa «ESTA NOCHE», siéndole otorgado este mismo año otro Fotogramas de Plata como mejor actriz de televisión por **«LA HUELLA DEL CRIMEN»**. En 1984 es de nuevo merecedora de un Fotogramas de Plata, esta vez cinematográfico, por su excelente papel en **«¿Qué he hecho yo para merecer esto?»**, y su trabajo en **«La ley del deseo»** (1987) es reconocido con el Premio Nacional de Cinematografía, el Fotogramas de Plata y el Premio de la Revista de Cine italiana *«Ciak»*. Un año más tarde, por su particular interpretación en **«Mujeres al borde de un ataque de nervios»**, se le concede el Premio Goya a la mejor actriz, el Fotogramas de Plata y el europeo Premio Félix. En 1990, su conmovedora composición en **«¡Ay, Carmela!»** le proporciona un nuevo Premio Goya y un nuevo Félix, así como el Fotogramas de Plata a la mejor actriz de cine, quedando además ese año finalista como mejor actriz de televisión por **«LA MUJER DE TU VIDA»**. De nuevo finalista en 1992 a los Fotogramas de Plata como mejor actriz de cine por **«Entre el cielo y la tierra»** y **«La reina anónima»**, es más tarde nominada a los Premios de la Academia por **«Sombras en una batalla»** (1993). Distinguida en 1998 con el Premio Medalla de Oro Escudo de Maldonado, por el conjunto de su carrera, en el Festival de Punta del Este (Argentina), ha sido también candidata a varios galardones americanos, tales como el Premio de la Crítica de Nueva York y el Premio de la National Society of Films Critics. Con este reconocido *curriculum*, es obvio que nos encontramos ante una de nuestras más internacionales actrices.

Filmografía

1969. Las gatas tienen frío, de Carlos Serrano. **1970. El hombre oculto**, de Alfonso Ungría. **1972. El love feroz**, de José Luis García Sánchez. **1973. El asesino está entre los trece**, de Javier Aguirre. **Un casto varón español**, de Jaime de Armiñán. **1974. Leonor**, de Juan Luis Buñuel. **1975. La mujer es cosa de hombres**, de Jesús Yagüe. **1976. El libro de Buen Amor II**, de Jaime Bayarri. **La petición**, de Pilar Miró. **1977. Tigres de papel**, de Fernando Colomo. **De fresa, limón y menta**, de Miguel Angel Díaz. **1978. Los ojos vendados**, de Carlos Saura. **¿Qué hace una chica como tú en un sitio como éste?**, de Fernando Colomo. **1979. Aquella casa en las afueras**, de Eugenio Martín. **1980. La mano negra**, de Fernando Colomo. **El hombre de moda**, de Fernando Méndez-Leite. **Pepi, Luci, Bom y otras chicas del montón**, de Pedro Almodóvar. **Gary Cooper que estás en los cielos**, de Pilar Miró. **1982. Femenino singular**, de Juanjo López. **1983. Entre tinieblas**, de Pedro Almodóvar. **El Cid Cabreador**, de Angelino Fons. **Sal gorda**, de Fernando Trueba. **1984. ¿Qué he hecho yo para merecer esto?**, de Pedro Almodóvar. **1985. Extramuros**, de Miguel Picazo. **Sé infiel y no mires con quién**, de Fernando Trueba. **1986. Tata mía**, de José Luis Borau. **Matador**, de Pedro Almodóvar. **1987. La ley del deseo**, de Pedro Almodóvar. **1988. Mujeres al borde de un ataque de nervios**, de Pedro Almodóvar. **Baton Rouge**, de

Carmen Maura

Rafael Moleón. **1990. ¡Ay, Carmela!**, de Carlos Saura. **1991. Cómo ser mujer y no morir en el intento**, de Ana Belén. **Chatarra**, de Félix Rotaeta. **1992. Entre el cielo y la tierra** (*Sur la terre comme du ciel*), de Marion Hansel. **El pequeño rey Sol** (*Soleil levant*), de Roger Planchon. **La reina anónima**, de Gonzalo Suárez. **1993. Cómo ser infeliz y disfrutarlo**, de Enrique Urbizu. **Sombras en una batalla**, de Mario Camus. **1994. La alegría está en el campo**, de Etienne Chatiliez. **1995. El palomo cojo**, de Jaime de Armiñán. **El rey del río**, de Manuel Gutiérrez Aragón. **Amores que matan**, de Juan Manuel Chumilla. **Pareja de tres**, de Antoni Verdaguer. **1996. Ellas**, de Luis Galvao Teles. **1997. El viento se llevó lo qué**, de Alejandro Agresti. **Alice et Martin**, de André Téchiné. **El cometa**, de Marisa Sistach. **Tortilla y cinéma**, de Martin Provost. **1998. Superlove**, de Jean Claude Janer. **El entusiasmo**, de Ricardo Larraín. **Lisboa**, de Antonio Hernández. **Braccia di burro,** de Sergio Castellito. **El condenado,** de Antonio Gasalla.

• Asimismo, interviene en el **cortometraje «Pompurrutas imperiales»**, de Fernando Colomo (1976).

• Además, ha trabajado para la **televisión** en las **series: Cervantes**, de Alfonso Ungría (1979); **La huella del crimen (El crimen de la calle Fuencarral)**, de Angelino Fons (1981); **Delirios de amor**, de Félix Rotaeta (1986); **La mujer de tu vida (La mujer feliz)**, de José Miguel Ganga (1989); **A las once en casa**, de Pepe Pavón y Eva Lesmes (1998).

• También para la **televisión**, ha presentado el programa «ESTA NOCHE», de Fernando García Tola (1981).

• Ha realizado las funciones de maestra de ceremonias de los Premios Goya en 1990 (junto a Andrés Pajares) y en 1997 (junto a Juanjo Puigcorbé).

• En cuanto al **teatro**, debuta con la obra **Hay una luz sobre la cama** de Torcuato Luca de Tena, dirigida por José Tamayo (1969). Después, **Motín de brujas; Las manos sucias** de Sartre (1978); **Cirque à deux**, adaptación de Michelle Laroque; y **Bienvenida a casa** de Neil Simon.

• Ha participado en la serie «AMAR EL CINE», una iniciativa de los Ministerios de Educación y Cultura junto a RTVE para que los escolares se familiaricen con el proceso cinematográfico.

Aitor Merino

AITOR MERINO

Nombre real: Aitor Merino.
Nacimiento: 17 de diciembre de 1972.

Tras intervenir en la serie de televisión «**SEGUNDA ENSEÑANZA**» de PEDRO MASÓ, debuta en el cine en 1995 con las «**Historias del Kronen**» de MONTXO ARMENDÁRIZ junto a, entonces, jóvenes promesas como JORDI MOLLÁ o JUAN DIEGO BOTTO. Ese mismo año

Impacto cinematográfico

Actor aún infantil de la serie «**SEGUNDA ENSEÑANZA**», consigue cierta popularidad en la gran pantalla al engrosar

vuelve a la pequeña pantalla como el hijo de CONCHA VELASCO en la serie «**YO, UNA MUJER**», para presentar más adelante el espacio infantil «PROGRAMA MÁS O MENOS MULTIPLICADO O DIVIDIDO». Tras rodar títulos como «**La Celestina**» o «**Tu nombre envenena mis sueños**», en 1997 comparte cartel con GUSTAVO SALMERÓN y CARLOS FUENTES en «**Mambí**» de TEODORO y SANTIAGO RÍOS.

el reparto de «**Historias del Kronen**». Rostro más conocido a través de la televisión, forma ya parte de nuestro futuro cinematográfico.

Filmografía

1995. Historias del Kronen, de Montxo Armendáriz. **1996. La Celestina**, de Gerardo Vera. **Tu nombre envenena mis sueños**, de Pilar Miró. **1997. Mambí**, de Teodoro y Santiago Ríos.

Rincones del paraíso, de Carlos Pérez Merinero. **1998. Un banco en el parque,** de Agustí Vila.

• Además, ha trabajado para la **televisión** en las **series: Segunda enseñanza**, de Pedro Masó (1985); y **Yo, una mujer**, de Ricardo Franco (1995).

• También para la **televisión**, presenta el espacio infantil «PROGRAMA MÁS O MENOS MULTIPLICADO O DIVIDIDO», de Miquel Obiols (1996) (para Canal Plus).

Ángela Molina

ÁNGELA MOLINA

Nombre real: Angela Molina Tejedor.
Nacimiento: 5 de octubre de 1955, en Madrid.

Hija del cantante y actor ANTONIO MOLINA, estudia Danza y Arte Dramático en la Escuela Superior de Madrid. A principios de los setenta aparece con asiduidad en las revistas cinematográficas, debutando en el cine en 1974 de la mano de CÉSAR ARDAVÍN en «No matarás». Dos años más tarde rueda a las órdenes de MANUEL GUTIÉRREZ ARAGÓN «Camada negra», iniciando así una fructífera relación profesional con dicho realizador. Pero es en 1977 cuando consigue su mejor oportunidad cinematográfica gracias a «Ese oscuro objeto del deseo» de LUIS BUÑUEL, que le supone su lanzamiento internacional y ser solicitada en películas italianas, francesas y alemanas de repercusión en todo el mundo. En 1978 repite con Gutiérrez Aragón en «El corazón del bosque», y a partir de la década de los ochenta su categoría profesional se consolida en la cinematografía española con directores como JOSÉ LUIS BORAU («La Sabina»), JAIME CHAVARRI («Bearn») o el propio GUTIÉRREZ ARAGÓN («Demonios en el jardín»). Protagoniza «LA BELLA OTERO» y «QUO VADIS», dos series de televisión de gran éxito, y tras hacer «Lola» con BIGAS LUNA y «El río de oro» con CHAVARRI vuelve a ponerse a las órdenes de Gutiérrez Aragón en «La mitad del cielo» (1986), quizá su interpretación más memorable. Tras alguna incursión en el panorama cinematográfico mundial («Calles de oro», «La esposa era bellísima»...), cosecha un nuevo éxito en 1989 con «Las cosas del querer», esta vez dirigida por otro de sus directores fetiche: JAIME CHAVARRI, rodando ese mismo año «Esquilache» de JOSEFINA MOLINA. Se retira a última hora del proyecto de BIGAS LUNA «Las edades de Lulú» y comparte cartel con MARCELLO MASTROIANNI en «El ladrón de niños». En 1995 interpreta al objeto de deseo de la obsesión de un hombre en «Gimlet» de JOSÉ LUIS ACOSTA. PEDRO ALMODÓVAR cuenta por fin con ella en 1997 para su «Carne trémula», tras dos rechazos anteriores de la actriz respecto a «¿Qué he hecho yo para merecer esto?» y «Tacones lejanos». Casada con el canadiense León Backstad, que la ha hecho madre por cuarta vez, estuvo anteriormente unida al arquitecto, fotógrafo y realizador francés Hervé Tirmarché, con el que tiene tres hijos.

Impacto cinematográfico

Actriz de carácter reservado y fascinadora belleza, ha ido adquiriendo con los años una envidiable madurez interpretativa. En 1977 recibe el Gran Premio Marathon, y en 1978 Radio España le otorga el Premio a la Mejor Actriz de la temporada. Un año más tarde recae en ella el Premio LUIS BUÑUEL a la consagración cinematográfica, siéndole asimismo entregado en 1980 el Premio a la «Figura de la Epoca» (concedido por Cambio 16) y en 1981 el premio a la mejor actriz en el Festival de Nueva Delhi por «La Sabina». Ha recibido el Fotogramas de Plata por «Camada negra» (1976), «El corazón del bosque» (1978) y «La mitad del cielo» (1986), recreación por la que consigue también el Gran Premio de Interpretación en el Festival Internacional de Cine de San Sebastián, siendo a la vez nominada por este papel en los Premios Goya. Ha estado a punto de conseguir este premio de nuestra Academia de Cine en tres ocasiones más: dos como mejor actriz («Luces y sombras» y «Las cosas del querer») y una como mejor actriz de reparto por «Carne trémula» (1997), interpretación que le proporciona el Fotogramas de Plata a la mejor actriz de cine. En cuanto a su reconocimiento artístico en el extranjero, hemos de enunciar que en 1982 recibe el David de Donatello por su labor en la película «Demonios en el jardín», y en 1985 el Premio Popular de Cine y el Premio a la mejor actriz de la Asociación de Cronistas de Espectáculos de Nueva York. Un año más tarde se le hace entrega en Italia del David de Donatello a la mejor actriz del año por «Camorra, contacto en Nápoles», así como del Gran Premio de la Crítica Italiana. En 1996 le es otorgado el Premio a la Mejor actriz por «Las cosas del querer II» en el Festival Internacional de Cine de Cartagena de Indias. En televisión es también distinguida en 1984 con el Premio Revelación del año por «LA BELLA OTERO», RAI. Profesora diplomada en Danza Clásica, Flamenco e Interpretación, domina tres idiomas: inglés, francés e italiano.

Filmografía

1974. No matarás, de César Fernández Ardavín. **No quiero perder la honra**, de Eugenio Martín. **1975. Las protegidas**, de Francisco Lara Polop. **1976. La ciudad quemada** (*La ciutat cremada*), de Antonio Ribas. **Las largas vacaciones del 36**, de Jaime Camino. **El hombre que supo amar**, de Miguel Picazo. **Camada negra**, de Manuel Gutiérrez Aragón. **Viva/Muera Don Juan**, de Tomás Aznar. **1977. Nunca es tarde**, de Jaime de Armiñán. **Ese oscuro objeto del deseo** (*Cet obscur objet du desir*), de Luis Buñuel. **A un dios desconocido**, de Jaime Chávarri. **La portentosa vida del padre Vicente**, de Carlos Mira. **1978. Los restos del naufragio**, de Ricardo Franco. **El gran atasco** (*L'ingorgo*), de Luigi Comencini. **El corazón del bosque**, de Manuel Gutiérrez Aragón. **1979. Operación ogro** (*Ogro*), de Gillo Pontecorvo. **La Sabina**, de José Luis Borau. **Le buone notizie**, de Elio Petri. **1980. Marginado** (*Kaltgestellt*), de Bernhard Sinkel. **1982. Demonios en el jardín**, de Manuel Gutiérrez Aragón. **Bocca e occhi**, de Marco Bellocchio. **Dies rigorose leben**, de Vadim Glowna. **Bearn o la sala de las muñecas**, de Jaime Chávarri. **1984. Fuego eterno**, de José Angel Rebolledo. **Le voyageur des quatre saisons**, de Miguel Littin. **1985. Bras de fer**, de Gérard Vergez. **Camorra, contacto en Nápoles** (*Un complicato intrigo di donne, vicoli e delitti*), de Lina Wertmuller. **Lola**, de Bigas Luna. **El río de oro**, de Jaime Chávarri. **1986. La mitad del cielo**, de Manuel Gutiérrez Aragón. **Calles de oro** (*Streets of gold*), de Joe Roth. **Il Generale**, de Luigi Magni. **La esposa era bellísima** (*La sposa era bellíssima*), de Pal Gabor. **Fuegos**, de Alfredo Rodríguez Arias. **1987. Laura (del cielo llega la noche)**, de Gonzalo Herralde. **1988. Taxi killer**, de Stelvio Massi. **Luces y sombras**, de Jaime Camino. **Via Paradiso**, de Luciano Odorisio. **La Barbare**, de Mireille Darc. **1989. Las cosas del querer**, de Jaime

Ángela Molina

Chávarri. **Esquilache**, de Josefina Molina. **1990. La batalla de los tres reyes**, de Souheil Ben Barka. **Río negro**, de Atahualpa Lichy. **Las diabólicas**, de Pierre Koralovik. **Los ángeles**, de Jacob Berger. **1991. Martes de Carnaval**, de Fernando Bauluz y Pedro Carvajal. **El hombre que perdió su sombra**, de Alain Tanner. **El ladrón de niños** (*Le voleur d'enfants*), de Christian de Challonge. **Krapatchouk**, de Enrique Gabriel Lipshic. **1992. Una mujer bajo la lluvia**, de Gerardo Vera. **1492, la conquista del paraíso**, de Ridley Scott. **Pauvre Jorge**, de Luis Felipe Rocha. **1993. Mal de amores**, de Carlos Balagué. **El baile de las ánimas**, de Pedro Carvajal. **1994. ¡Oh, cielos!**, de Ricardo Franco. **Con los ojos cerrados** (*Con gli occhi chiusi*), de Francesca Archibugi. **Las cosas del querer II**, de Jaime Chávarri. **1995. Gimlet**, de José Luis Acosta. **1996. Edipo alcalde**, de Jorge Alí Triana. **1997. Sin querer**, de Ciro Capellari. **Carne trémula**, de Pedro Almodóvar. **Vidas blindadas**, de Alejandro Carrington. **1998. Novios**, de Joaquín Oristrell. **Le baiser sous la cloche**, de Emmanuel Gust.

• Ha protagonizado los siguientes **cortometrajes**: «**Vivir sin vivir**» (*Viure sense viure*), de Carlos Mira (1976); y «**Tengo algo que decirte**», de Hervé Tirmarché (1985).

• Además, ha trabajado para la **televisión** en las **series: Cuentos y leyendas (La rubia y el canario)**, de Josefina Molina (1975); **La Bella Otero**, de José María Sánchez (1983); **Quo Vadis?**, de Franco Rossi (1984); **Garibaldi**, de Luigi Magni (1986); **Hemingway, fiesta y muerte**, de José María Sánchez (1987); **Barroco**, de Paul Leduc (1988); **Volevo I Pantaloni**, de Maurizio Ponzi (1989); **Fantaguiro**, de Lamberto Bava (1990); **Sandino**, de Miguel Littin (1990); **Casa Ricordi**, de Mauro Bolognini (1997), y **Hermanas**, de Enric Banqué (1998).

• Ha grabado un disco donde se recogen canciones compuestas, entre otros, por Georges Moustaki y Lucio Dalla.

Jordi Mollá

JORDI MOLLÁ

Nombre real: Jordi Mollá Perales.
Nacimiento: 1 de julio de 1968, en Barcelona.

Alterna los estudios de administrativo con los de Arte Dramático y realiza cursos y seminarios de interpretación en Italia, Reino Unido y Hungría con nombres como Franco di Francescantonio o Gabor Zsambecki. Compañero de promoción de Ariadna Gil, debuta con ella en el teatro y tras hacerse popular en Cataluña con la serie de TV3 **«LA GRANJA»**, da sus primeros pasos en el cine de la mano de BIGAS LUNA en **«Jamón, jamón»** (1992). Un año más tarde da vida a un soldado autista en **«El fusil de madera»**, llevan-do a cabo también papeles secundarios en películas como **«Alegre ma non troppo»** o **«Todo es mentira».** En 1995 su trabajo alcanza al fin resonancia en **«Historias del Kronen»** de MONTXO ARMENDÁRIZ, realizando ese mismo año una pequeña pero efectiva intervención, junto a NANCHO NOVO, en **«La flor de mi secreto»** de PEDRO ALMODÓVAR. Consigue el reconocimiento de crítica y público en **«La Celestina»** y en 1997, a través de una mirada vulnerable y una tremenda humanidad, nos desarma en **«La buena estrella»** de RICARDO FRANCO, sin duda alguna la creación más brillante de su carrera cinematográfica.

Impacto cinematográfico

Actor de gran sensibilidad, logra transmitir una inquietante imagen bajo su apariencia de hombre comprensivo. En 1993 consigue el Primer Premio en el Festival de Cine de Alcalá de Henares y el Premi de la Generalitat de Catalunya por su cortometraje **«Walter Peralta»**, llevándose también una nominación como mejor corto en los Premios Goya. Su interpretación en **«La Celestina»** (1996) le hacen merecedor de un galardón en Cáceres y de una nominación como mejor actor secundario en los Premios de la Academia. Un año más tarde recibe el Premio Ombú de Plata en el Festival de Cine de Mar de Plata y el Premio Ondas (ambos *ex aequo* con Antonio Resines), así como el Premio de la Unión de Actores por su magnífica composición de Daniel en **«La buena estrella»,** película que le supone también otra nominación en los Premios Goya, esta vez como mejor actor, y el quedar finalista en los Fotogramas de Plata. Hombre de múltiples recursos, a su faceta de actor ha añadido las de guionista, director de cortos, escritor, imitador, modelo... Con serias aspiraciones en el campo de la realización, se ha confirmado como uno de los rostros con más fuerza dentro del cine español de los últimos años.

Filmografía

1992. Jamón, jamón, de Bigas Luna. **1993. Mi hermano del alma**, de Mariano Barroso. **Historias de la puta mili**, de Manuel Esteban. **El fusil de madera** (*Simple soldat*), de Pierre Delerive. **1994. Alegre ma non troppo**, de Fernando Colomo. **Todo es mentira**, de Alvaro Fernández Armero. **Los hombres siempre mienten**, de Antonio del Real. **1995. Historias del Kronen**, de Montxo Armendáriz. **La flor de mi secreto**, de Pedro Almodóvar. **1996. Perdona bonita, pero Lucas me quería a mí**, de Félix Sabroso y Dunia Ayaso. **La Celestina**, de Gerardo Vera. **Romance peligroso** (*La Cible*), de Pierre Courrège. **1997. La buena estrella**, de Ricardo Franco.

1998. Los años bárbaros, de Fernando Colomo. **El pianista**, de Mario Gas. **Un dólar para los muertos**, de Gene Quintano. **Volavérunt**, de Bigas Luna *(proyecto)*. **Asfalto,** de Daniel Calparsoro *(proyecto)*.

• Ha **dirigido** los **cortometrajes:** «Walter Peralta» (1993); y **«No me importaría irme contigo»** (1995).

• También ha intervenido en los siguientes **cortos: «Puede que no sea demasiado tarde»** (*Potser no sigui massa tard*), de Txerra Cirbián (1992); y **«Matar a Elizabeth»** (*Shooting Elizabeth*), de Baz Taylor (1993). Asimismo, aparece en **«Pronóstico reservado»**, un trabajo dirigido por su hermano, Tony Mollá.

• Además, ha trabajado para la **televisión** en las **series: La vida en un xip (La granja)**, de Joaquín María Puyal (1990) (para TV3); **Dark justice**, de Jeff Freilich (1991); **Revolver**, de Gary Nelson (1991); **Sputnik**, de Francesc Fábregas (1992) (para TV3); **El joven Picasso**, de Juan Antonio Bardem (1993); **Arnau, los días secretos**, de Luis Mª Güell (1993); y **Delantero: all in the game**, de Baz Taylor (1994).

• En cuanto al **teatro**, ha intervenido en los siguientes montajes: **María Estuardo**, de Joseph Montanyes; **Una de las últimas noches de Carnaval**, de Lluis Pascual; y **La noche de El Dorado**, de John Strasberg.

• Ha **escrito** la novela **Las primeras veces** (1997), que ofrece la visión de un niño en su primer contacto con el amor, el sexo y la muerte.

Silvia Munt

SILVIA MUNT

Nombre real: Silvia Munt Quevedo.
Nacimiento: 1957, en Barcelona.

Titulada en Ballet Clásico por la Royal Ballet de Londres, a finales de los años setenta debuta como actriz teatral con el grupo CONFETTI. En 1981 se revela en la pequeña pantalla encarnando a COLOMETA en «**LA PLAZA DEL DIAMANTE**», y consigue al año siguiente su primer papel cinematográfico en «**Pares y nones**» de JOSÉ LUIS CUERDA. A las órdenes de FERNANDO TRUEBA hace en 1983 «**Sal gorda**», siendo dirigida ese mismo año por PEDRO OLEA en «**Akelarre**». Durante la segunda mitad de los ochenta se dedica casi en exclusiva al mundo teatral, volviendo al cine en los noventa con «**Los papeles de Aspern**» y, sobre todo, «**Alas de mariposa**» de BAJO ULLOA, en la que realiza su mejor interpretación en la gran pantalla. Tras rodar con VICENTE ARANDA «**La pasión turca**», interviene en «**El rey del río**» de MANUEL GUTIÉRREZ ARAGÓN y «**Éxtasis**» de MARIANO BARROSO, que la confirman ya como una excelente actriz. En 1997 participa en la mágica «**Secretos del corazón**» de MONTXO ARMENDÁRIZ, para meterse un año más tarde en el drama judicial «**Subjudice**». Compatibilizando su trabajo en el cine con la pequeña pantalla, en series como «**TERESA DE JESÚS**» o «**EL OBISPO LEPROSO**», no abandona tampoco los escenarios, llegando a crear su propia compañía de teatro.

Impacto cinematográfico

Desarrolla su trabajo como actriz en teatro, cine y televisión. En 1982 recibe la Concha del Festival de San Sebastián a la mejor promesa cinematográfica del año, así como el Premio de Cinematografía de la Generalitat de Catalunya. Su magnífica interpretación en «**Alas de mariposa**» (1991) le hacen merecedora del Premio Goya a la mejor actriz, quedando también finalista a los Fotogramas de Plata como mejor actriz de cine por dicha película. En 1994 es nominada a los Premios de la Academia, esta vez como actriz de reparto, por «**La pasión turca**», y en 1995 se le concede el Premio Sant Jordi de la Cinematografía. Este mismo año, su recreación en «**Asunto interno**» le proporciona el Premio a la mejor actriz en el Festival Cinespaña. Nos encontramos, sin lugar a dudas, ante una de las actrices más completas del panorama artístico español.

Filmografía

1977. La orgía, de Francesc Bellmunt. **1981. Barcelona Sur**, de Jordi Cadena. **1982. Pares y nones**, de José Luis Cuerda. **1983. Soldados de plomo**, de José Sacristán. **Sal gorda**, de Fernando Trueba. **Akelarre**, de Pedro Olea. **1984. Bajo en nicotina**, de Raúl Artigot. **Le grand voyage**, de Richard Dindó. **1985. Golfo de Vizcaya**, de Javier Rebollo. **1987. Quimera**, de Carlos Pérez Ferré. **1991. Los papeles de Aspern**, de Jordi Cadena. **Alas de mariposa**, de Juanma Bajo Ulloa. **1992. Cucarachas**, de Toni Mora. **El cazador furtivo**, de Carlos Bempar. **El largo invierno**, de Jaime Camino. **1993. Nexo**, de Jordi Cadena. **Los baúles del retorno**, de María Miró. **1994. La pasión turca**, de Vicente Aranda. **1995. El rey del río**, de Manuel Gutiérrez Aragón. **El porqué de las cosas**, de Ventura Pons. **Asunto interno**, de Carles Balagué. **Extasis**, de Mariano Barroso. **1996. El dominio de los sentidos** (episodio de Judith Collell). **Una piraña en el bidé**, de Carlos Pastor. **Razones sentimentales**, de Antonio A.Farré. **Todo está oscuro**, de Ana Díez. **1997. Secretos del corazón**, de Montxo Armendáriz. **El faro**, de Manuel Balaguer. **1998. Subjudice**, de José María Forn.

• Además, ha trabajado para la televisión en las **series: La plaza del diamante** (*La plaça del diamant*), de Frances Betriú (1981); **Teresa de Jesús**, de Josefina Molina (1984); **El obispo leproso**, de José María Gutiérrez González (1990); **Dones i homes**, de Antoni Verdaguer (1994); y **Tío Willy**, de Pablo Ibáñez (1998).

• En cuanto al **teatro**, ha representado las siguientes obras: **El sueño de una noche de verano** de William Shakespeare (1977); **Angels a Amèrica**, montaje de Tony Kushner.

• En **1998** ha **dirigido** el **cortometraje** «**Déjeme que le cuente**», basado en el cuento de Chéjov «El hijo del cochero».

Pepón Nieto

PEPÓN NIETO

Nombre real: José Antonio Nieto Sánchez.
Nacimiento: En Marbella (Málaga).

Cursa estudios en la Escuela de Arte Dramático de Málaga, en el laboratorio de Teatro de WILLIAM LAYTON y en la Escuela de Teatro Clásico de la Compañía Nacional. Debuta en la gran pantalla de la mano de IMANOL URIBE en «**Días contados**» (1994) y, tras rodar con PEDRO OLEA «**Morirás en Chafarinas**», comparte cartel en 1996 con JORDI MOLLÁ en «**Perdona bonita, pero Lucas me quería a mi**» de FÉLIX SABROSO y DUNIA AYASO. A las órdenes de MANUEL IBORRA da vida a Cucho, un chico discapacita-do, en «**El tiempo de la felicidad**» (1997), y dirigido por MANUEL GUTIÉRREZ ARAGÓN interviene en «**Cosas que dejé en La Habana**». Vuelve a coincidir este mismo año con FÉLIX SABROSO y DUNIA AYASO en «**El grito en el cielo**», comedia en la que trabaja con actores de su generación, y en 1998 actúa de nuevo junto a JORDI MOLLÁ en «**Los años bárbaros**» de FERNANDO COLOMO. En la pequeña pantalla consigue popularidad interpretando al becario de la serie «**PERIODISTAS**» de DANIEL ÉCIJA. En los escenarios, junto a JOSÉ SACRISTÁN y PALOMA SAN BASILIO, da vida a Sancho Panza en la obra musical **El hombre de la Mancha**.

Impacto cinematográfico

Nominado en los Premios Goya como mejor actor revelación por su excelente papel en «**Días contados**», PEPÓN NIETO es hoy uno de los más sólidos actores de la nueva generación. En 1995 recibe el Premio al mejor actor en el Festival Cinespaña por su intervención en «**Asunto interno**». Rostro conocido también en los escenarios y la televisión, se perfila como un intérprete ya imprescindible en nuestra cinematografía.

Filmografía

1994. Días contados, de Imanol Uribe. **1995. Morirás en Chafarinas**, de Pedro Olea. **Lucrecia**, de Mariano Barroso (largometraje rodado para la televisión). **Asunto interno**, de Carles Balagué. **1996. Perdona bonita, pero Lucas me quería a mi**, de Félix Sabroso y Dunia Ayaso. **1997. El tiempo de la felicidad**, de Manuel Iborra. **Suerte**, de Ernesto Tellería. **Cosas que dejé en La Habana**, de Manuel Gutiérrez Aragón. **El grito en el cielo**, de Félix Sabroso y Dunia Ayaso. **1998. Los años bárbaros**, de Fernando Colomo.

• Ha intervenido en varios **cortometrajes,** bajo la dirección de Francisco Álvarez, Juan Campos, Enriqueta Moreno y Domingo González Redondo.

• Además, ha trabajado para la televisión en la **serie Periodistas**, de Daniel Ecija (1998), y presentado para «Tele 5» el programa de cámara oculta «Patosos entre rejas».

• En cuanto al **teatro**, ha representado las siguientes obras: **Las mocedades del Cid** (1990); **El arrogante español** de Lope de Vega, dirigida por Cayetano Luca de Tena (1990); **El jardín de Falerina** de Calderón, bajo la dirección de Guillermo Heras (1991); **Don Juan Tenorio** de José Zorrilla, dirigida por Angel Facio (1991); **Don Quijote de la Mancha** de Cervantes, dirección de Pedro Casablanc (1992); **Demonis de comediants**, bajo la dirección de Pedro Casablanc (1992); **Marenostrum de comediants**, dirigida por Joan Font (1992); **Aquelarre y noche roja de Nosferatu** de Francisco Nieva, bajo la dirección de Guillermo Heras (1993); **Caricias** de Sergi Bellbel, dirigida por Guillermo Heras (participa como asistente de dirección) (1994); **Martes de Carnaval** de Valle-Inclán, dirección de Mario Gas (1995); **El hombre de la Mancha** (obra musical), dirigida por Mario Gas.

• Asimismo, con el Taller de Teatro dirigido por Mercedes Carrillo, estrena un total de nueve espectáculos de Creación Colectiva, trabajando especialmente el Teatro de Calle. También colabora con Los Involantes de Granada en el espectáculo TUPICAMBO (1986), y participa en dos espectáculos de SALDUBA TEATRO, escritos y dirigidos por Juan Caracuel (1987).

• Ha sido actor y miembro fundador de TEATRO DE LA COLINA, compañía de Teatro de la Calle con que recorre la península (1987).

Najwa Nimri

NAJWA NIMRI

Nombre real: Najwa Nimri.
Nacimiento: 14 de febrero de 1972, en Pamplona.

Seleccionada para el grupo «Caras nuevas 94», estudia tres años de interpretación en el laboratorio de WILLIAM LAYTON, cinco años de ballet en la academia JOHN BEITIA y cuatro años en la coral de Lauro, en Bilbao. Más adelante, prueba suerte en bandas de *soul* y *jazz*. Su primera oportunidad en el cine llega con «**Salto al vacío**» y «**Pasajes**», ambas de DANIEL CALPARSORO. Tras rodar con ALEJANDRO AMENÁBAR «**Abre los ojos**» (1997), vuelve a coincidir con Calparsoro en «**A ciegas**», para trabajar un año después a las órdenes de JULIO MEDEM en «**Los amantes del Círculo Polar**,» donde da vida a un personaje más sensual y menos duro que los interpretados hasta entonces. Casada con el director de cine DANIEL CALPARSORO.

Impacto cinematográfico

Actriz de origen vasco, recibe el Premio a la Mejor Actriz en el Festival de Moscú y en el Festival de Angers (Francia) por su debut cinematográfico en «**Salto al vacío**» (1995). Poseedora de un personal físico, tiene ya su sitio en la nueva generación de actores españoles.

Filmografía

1995. Salto al vacío, de Daniel Calparsoro. **1996. Pasajes**, de Daniel Calparsoro. **1997. Abre los ojos**, de Alejandro Amenábar. **A ciegas**, de Daniel Calparsoro. **1998. Los amantes del Círculo Polar**, de Julio Medem. **Yoyes**, de Helena Taberna.

• Ha formado parte integrante de **grupos musicales** como «RESPECT» o «CLAN CLUB».

• Con el nombre artístico de NAJWAJEAN debuta como **cantante** con su primer disco «LIKE THOSE ROSES» (1998).

Eduardo Noriega

EDUARDO NORIEGA

Nombre real: Eduardo Noriega Gómez.
Nacimiento: 1 de agosto de 1973, en Santander.

Tras estudiar interpretación en la Escuela de Arte Dramático de Santander y conseguir una plaza en la Real Escuela Superior de Arte de Madrid, se inicia profesionalmente en el mundo del cortometraje. Hace una pequeña intervención en **«Historias del Kronen»** de MONTXO ARMENDÁRIZ, antes de conseguir una estupenda acogida como el inquie- tante Bosco en **«Tesis»** (1996), debut como director de ALEJANDRO AMENABAR. Tras compartir cartel con ANNA GALIENA en **«Cuestión de suerte»** y trabajar junto a CONCHA VELASCO en **«Más allá del jardín»**, se pone de nuevo a las órdenes de AMENÁBAR en otro *«thriller»*: **«Abre los ojos»** (1997), esta vez en el papel de víctima. Con **«Cha, cha, cha»** se estrena en el campo de la comedia, y en 1998 forma pareja con SILVIA ABASCAL en **«La fuente amarilla»** de MIGUEL SANTESMASES.

Impacto cinematográfico

Galardonado como mejor actor en el Certamen de AICA (1994) y en el Festival de Cortos de Alcalá de Henares (1995), EDUARDO NORIEGA consigue salir del anonimato gracias a dos **«thriller»** de gran acogida de público y crítica. Tras combinar magnetismo y turbiedad con la mayor de las naturalidades en **«Tesis»**, se nos muestra vulnerable e indefenso en **«Abre los ojos»**. Actor de expresiva y seductora mirada tiene ya su sitio en el más reciente cine español.

Filmografía

1995. Historias del Kronen, de Montxo Armendáriz. **1996. Tesis**, de Alejandro Amenábar. **Cuestión de suerte**, de Rafael Moleón. **Más allá del jardín**, de Pedro Olea. **1997. Abre los ojos**, de Alejandro Amenábar. **Cha, cha,cha**, de Antonio del Real. **1998. La fuente amarilla**, de Miguel Santesmases.

• Ha intervenido en los siguientes **cortometrajes: «En casa de Diego»**, de Carlos Montero (1993); **«Luna»**, de Alejandro Amenábar (1993); **«Soñé que te mataba»**, de Mateo Gil (1994); **«Una historia más»**, de Domenico Clolfi (1994); y **«David»**, de Carlos Montero (1995).

• Además, ha trabajado para la **televisión** en la **serie Colegio Mayor (Lo mejor de ti)**, de Rafael Moleón (1995).

Nancho Novo

NANCHO NOVO

Nombre real: Venancio Manuel Jesús Novo Cid-Fuentes.
Nacimiento: Septiembre de 1959, en La Coruña.

Se traslada a Madrid para entrar en la Real Escuela de Arte Dramático, haciendo también teatro independiente, callejero y comercial. Interviene con pequeños papeles en películas como **«El juego más divertido»** y **«Amo tu cama rica»**, y en 1993 JULIO MEDEM le proporciona su primer protagonista en **«La ardilla roja»**. Dos años más tarde, tras compartir cartel con JORGE PERUGORRÍA y ANA ÁLVAREZ en **«Dile a Laura que la quiero»**, PEDRO ALMODÓVAR le ofrece la oportunidad de bordar su pequeña intervención, junto a JORDI MOLLÁ, en **«La flor de mi secreto»**. En 1996 vuelve a ponerse a las órdenes de MEDEM en **«Tierra»**, consiguiendo ese mismo año el aplauso de crítica y público por su interpretación en **«La Celestina»** de GERARDO VERA, en donde encarna al responsable de la relación de Calisto con La Celestina. Tras formar parte del reparto de **«Más que amor, frenesí»**, rueda a las órdenes de MANUEL LOMBARDERO **«En brazos de la mujer madura»**, y en 1998 coincide de nuevo con JULIO MEDEM en **«Los amantes del Círculo Polar»**. Además de actor, es cantante, compositor y guitarrista de rock del grupo «Los castigados sin postre».

Impacto cinematográfico

Actor de gran presencia y versatilidad, recibe en 1993 el Premio de la Unión de Actores. Tres años más tarde vuelve a serle otorgado dicho galardón por su interpretación secundaria en **«La Celestina»**, papel por el que es también nominado en los Premios Goya. Poseedor de una profunda voz y de una mirada penetrante y magnética, NANCHO NOVO incluye en su repertorio una amplia variedad de personajes, que van desde los tipos más coloquiales a los mágicos y esotéricos propios de Medem.

Filmografía

1987. El juego más divertido, de Emilio Martínez Lázaro. **A golpe de látigo**, de Javier Villaverde. **1989. Continental**, de Javier Villaverde. **1991. Amo tu cama rica**, de Emilio Martínez Lázaro. **1992. La reina anónima**, de Gonzalo Suárez. **1993. La ardilla roja**, de Julio Medem. **1994. Todos los hombres sois iguales**, de Manuel Gómez Pereira. **Dame fuego**, de Héctor Carré. **1995. Dile a Laura que la quiero**, de José Miguel Juárez. **La flor de mi secreto**, de Pedro Almodóvar. **Tengo una casa**, de Mónica Laguna. **1996. Tierra**, de Julio Medem. **La Celestina**, de Gerardo Vera. **Demasiado caliente para ti**, de Javier Elorrieta. **Sabor latino**, de Pedro Carvajal. **Más que amor, frenesí**, de Alfonso Albacete, Miguel Bardem y David Menkes. **Dame algo**, de Héctor Carré. **1997. En brazos de la mujer madura**, de Manuel Lombardero. **Mátame mucho**, de José Angel Bohollo. **Hazlo por mi**, de Angel Fernández-Santos. **La novia de medianoche**, de Antonio Simón. **1998. Los amantes del Círculo Polar**, de Julio Medem. **Páginas de una historia. Mensaka**, de Salvador García Ruiz. **Finisterre, donde termina el mundo** (*título provisional*), de Javier Villaverde. **La sombra de Caín**, de Paco Lucio. **Blanca Madison**, de Carlos Amil *(proyecto)*.

• Asimismo, ha trabajado en los siguientes **cortometrajes: «El origen del problema»**, de Alber Ponte; **«Igual caen dos (El atardecer de pezuñas)»**, de Alex Calvo Sotelo; y **«Nicotina»**, de Martín Costa (1998).

• Además, ha trabajado para la **televisión** en la **serie Qué loca peluquería**, de Eloy Arenas (1994).

• En cuanto al **teatro**, ha representado las siguientes obras: **El hombre deshabitado**, dirigida por Emilio Hernández; **Malayerba**, bajo la dirección de Eduardo Fuentes; **Hazme de la noche un cuento**, dirigida por Manuel Collado; **Don Juan Tenorio**, dirección de Angel Facio; **Morirás de otra cosa**, bajo la dirección de Manuel Gutiérrez Aragón; **Muelle oeste**, dirigida por Carme Portacelli; **Como los griegos**, dirección de Guillermo Heras; **Aquelarre y noche roja de Nosferatu**, dirigida por Guillermo Heras; **Trainspotting**.

• Además, con el grupo «Los castigados sin postre», ha intervenido en los **espectáculos musicales**: «Las chicas también roncan» (1995); y «Confieso que he bebido» (1996).

• Cantante, compositor y guitarrista de rock en diversas formaciones gallegas y madrileñas de 1978 hasta la fecha (entre ellas, «Cloaca»), ha presentado con su grupo «Los castigados sin postre» el disco «CONFIESO QUE HE BEBIDO» (1996).

Ana Obregón

ANA OBREGÓN

Nombre real: Ana García Obregón.
Nacimiento: 20 de marzo de 1955, en Madrid.

Licenciada en Ciencias Biológicas por la Universidad Complutense de Madrid, estudia un año en el Actor's Studio, cinco años en el conservatorio de danza clásica y dos años en la Escuela de Alvin Aily de danza moderna. En 1979 debuta en el cine (prácticamente como figurante) en «Cuba» de RICHARD LESTER, interviniendo más adelante en títulos como «Bolero», «La vida alegre» o, más recientemente, «La mirada del otro» de VICENTE ARANDA. Pero es en la pequeña pantalla donde consigue una gran popularidad a través de series como «HOSTAL ROYAL MANZANARES» y programas como «¿QUÉ APOSTAMOS?», junto a RAMÓN GARCÍA.

Impacto cinematográfico

Aunque interviene en algunos títulos conocidos del cine español, ANA OBREGÓN adquiere la popularidad a través de la pequeña pantalla, no tanto en series de televisión como en programas de entretenimiento.

Filmografía

1979. Cuba (*Cuba*), de Richard Lester. **1980. Otra vez adiós**, de Miguel Angel Rivas. **Tres mujeres de hoy**, de Germán Lorente. **Hijos de papá**, de Rafael Gil. **Carrera salvaje** (*Car crash*), de Antonio Margheriti. **Misterio en la isla de los monstruos**, de Juan Piquer. **1982. Una pequeña movida**, de Vicente Sáinz de la Peña. **Corazón de papel**, de Roberto Bodegas. **Regreso del más allá**, de Juan José Porto. **Freddy el croupier**, de Alvaro Sáenz de Heredia. **El tesoro de las cuatro coronas**, de Ferdinando Baldi. **1983. Goma 2**, de José Antonio de la Loma. **1984. Bolero** (*Bolero*), de John Derek. **1987. Policía**, de Alvaro Sáenz de Heredia. **La vida alegre**, de Fernando Colomo. **El gran Serafín**, de José María Díaz Ulloque. **Secret of the Sahara**, de Alberto Negrín. **1988. Sinatra**, de Paco Betriú. **Todo por culpa de la telefónica** (*Tutta colpa della S.I.P.*), de Gianfranco Bullo. **Sound**, de Biagio Proietti. **La partita**, de Carlo Vanzina. **1990. ¿Lo sabe el ministro?**, de J.M.Forn. **Calor y celos**, de Jaime Rebollo. **1997. La mirada del otro**, de Vicente Aranda.

• Además, ha trabajado para la **televisión** en las **series: Las pícaras (La pícara Justina)**, de José María Gutiérrez (1982); **Anillos de oro**, de Pedro Masó (1983); **El equipo A** (1983); **Camorra**, de Steno (1986); **Volia di volare; Hospital General**, de Marlena Land (1991); **Hostal Royal Manzanares**, de Sebastián Junyent (1996); **Blasco Ibáñez**, de Luis García Berlanga (1997); **A las once en casa**, de Pepe Pavón y Eva Lesmes (1998).

• También para la **televisión**, ha intervenido en los siguientes programas: «COMO PEDRO POR SU CASA» (sección «Pirulí que te vi»), de Pedro Ruiz (1985); «CALIENTE», de Hugo Stuven (1991); «LA VERBENA» (1992); «¿QUÉ APOSTAMOS?», de Francesco Boserman (1993); «DOCE A LAS DOCE» (Fin de Año), de Javier Caballé (1994); «BRINDEMOS POR LOS 40» (Gala 1996), de Valerio Lazarov; «GRACIAS POR TODO», de Matilde Fernández (1997).

• Asimismo, ha aparecido como invitada en los siguientes programas: «LA ÚLTIMA CENA» (Fin de Año), de Xavier Manich (1988); «LA NOCHE DE LINA», de Valerio Lazarov (1995); «TELEPASIÓN ESPAÑOLA» (varios años).

Marisa Paredes

MARISA PAREDES

Nombre real: María Luisa Paredes Bartolomé.
Nacimiento: 3 de abril de 1946, en Madrid.

Interviene desde muy joven en pequeños papeles teatrales y cinematográficos, al tiempo que cursa estudios en el Conservatorio de Arte Dramático de Madrid. Debuta en los escenarios con la obra **Esta noche tampoco**, convirtiéndose a los veinte años en primera actriz del Teatro Español. Durante la década de los setenta trabaja principalmente en televisión, destacando sus colaboraciones en **«Goya, historia de una soledad»** de NINO QUEVEDO y **«El perro»** de ANTONIO ISASI. En los ochenta colabora con nuevos realizadores, tales como FERNANDO TRUEBA (**«Opera prima»**) o EMILIO MARTÍNEZ LÁZARO (**«Sus años dorados»**), coincidiendo por vez primera con PEDRO ALMODÓVAR en la película **«Entre tinieblas»** (1983) y siendo dirigida por JAIME CHAVARRI en **«Las bicicletas son para el verano»**. Tras rodar con

AGUSTÍN VILLARONGA **«Tras el cristal»** e intervenir en **«Cara de acelga»** de JOSÉ SACRISTÁN, el éxito europeo de **«Tacones lejanos»** relanza su carrera y la lleva a trabajar principalmente en Francia y Suiza, al tiempo que protagoniza en España **«Tierno verano de lujurias y azoteas»** (1992). A las órdenes de PHILIPPE LIORET hace **«En tránsito»** antes de compartir con FERNANDO GUILLÉN **«La nave de los locos»** (1994). Un año más tarde interviene junto a PENÉLOPE CRUZ y ARIADNA GIL en **«Talk of angels»** de NICK HAMM, consiguiendo después un gran éxito de crítica y público gracias a **«La flor de mi secreto»** de PEDRO ALMODÓVAR. Bajo las órdenes de RAÚL RUIZ, interpreta junto al genial MARCELLO MASTROIANNI **«Tres vidas y una sola muerte»,** para encarnar en 1996 un papel muy diferente a los acostumbrados en la película de ARTURO RIPSTEIN **«Profundo carmesí».** Estuvo sentimentalmente unida al director de cine ANTONIO ISASI, con el que tiene una hija.

Impacto cinematográfico

Actriz de importante carrera teatral, se caracteriza en la gran pantalla por unir su nombre a proyectos poco convencionales. En 1966 recibe el Premio del Sindicato cinematográfico por **«Las salvajes en Puente San Gil»**, otorgándosele dos años más tarde el Fotogramas de Plata al conjunto de su labor televisiva. En 1970 es galardonada con el Fotogramas de Plata a la actriz revelación del año, y en 1973 se le concede la Medalla de Plata de Valladolid por su trayectoria teatral. Tras recibir el Premio Onda Madrid por **«Tras el cristal»** (1986) y ser nominada en los Premios Goya como mejor actriz de reparto por **«Cara de acelga»** (1987), su

inmejorable interpretación en **«Tacones lejanos»** (1991) le hace merecedora del Fotogramas de Plata a la mejor actriz, el Premio a la mejor actriz en el Festival de Cine de Gramados (Brasil), el Premio Sant Jordi y el Premio de la Unión de Actores. Cuatro años más tarde vuelve a conseguir el Fotogramas de Plata a la mejor actriz (siendo además nominada en los Premios Goya) por su papel en **«La flor de mi secreto»** (1995), recreación que le proporciona también el Premio de la Asociación de Cronistas Hispanos de Nueva York. Asimismo, ha sido reconocido su hacer interpretativo con el Premio Nacional de Cinematografía. Proyectando siempre la imagen de una mujer fría y enigmática, está considerada como una de nuestras más elegantes actrices.

Filmografía

1960. 091 Policía al habla, de José María Forqué. **Los económicamente débiles**, de Pedro Lazaga. **1961. Canción de cuna**, de José María Elorrieta. **Gritos en la noche**, de Jesús Franco. **1963. El mundo sigue**, de Fernando Fernán-Gómez. **Llegar a más**, de Jesús Fernández Santos. **1966. Las salvajes en Puente San Gil**, de Antonio Ribas. **1967. La tía de Carlos en minifalda**, de Augusto Fenollar. **1968. Réquiem para el gringo**, de José Luis Merino. **Tinto con amor**, de Francisco Montoliú. **1969. No disponible**, de Pedro María Herrero. **Carola de día, Carola de noche**, de Jaime de Armiñán. **El señorito y las seductoras**, de Ramón Fernández. **1970. Goya, historia de una soledad**, de Nino Quevedo. **1971. Pastel de sangre**, epidodio de Emilio Martínez Lázaro. **1974. Larga noche de Julio**, de Luis José Comerón. **1977. El perro**, de Antonio Isasi. **1980. Opera prima**, de Fernando Trueba. **Sus años dorados**, de Emilio Martínez Lázaro. **1983. Entre tinieblas**, de Pedro Almodóvar. **Las bicicletas son para el verano**, de Jaime Chávarri. **1985. Tras el cristal**, de Agus-

tín Villaronga. **1986. Tata mía**, de José Luis Borau. **1987. Cara de acelga**, de José Sacristán. **Tu novia está loca**, de Enrique Urbizu. **Mientras haya luz**, de Felipe Vega. **1989. Continental**, de Xavier Villaverde. **1991. Tacones lejanos**, de Pedro Almodóvar. **1992. La reina anónima**, de Gonzalo Suárez. **Tierno verano de lujurias y azoteas**, de Jaime Chávarri. **1994. En tránsito** (*Tombes du ciel*) de Philippe Lioret. **La nave de los locos**, de Ricardo Wullicher. **Diario de un violador**, de Giacomo Batti. **1995. Talk of angels**, de Nick Hamm. **La flor de mi secreto**, de Pedro Almodóvar. **Tres vidas y una sola muerte**, de Raúl Ruiz. **1996. Profundo carmesí**, de Arturo Ripstein. **1997. La vida es bella** (*La vita é bella*), de Roberto Benigni. **Caín**, de Gregoire Delacourt. **1998. Le serpent a mangé la grenouille**, de Alain Guesnier. **Vidas privadas**, de Fito Páez. **El coronel no tiene quien le escriba**, de Arturo Ripstein. **Todo sobre mi madre**, de Pedro Almodóvar *(proyecto)*.

• Ha intervenido en los **cortometrajes** «El espíritu del animal», de Augusto Martínez-Torres (1971); «Abismo», de José María Carreño (1972), y «Señores de Gardenia», de Antonio

Aloy (1998). Asimismo, participa en el **mediometraje** «La última respuesta», de Miguel Olid (1990).

• Además, ha trabajado para la **televisión** en las **producciones:** El comprador de horas, de Pedro Mario López (1965); El mercader de Venecia de Shakespeare; Las alas de la paloma de Henry James; El pato salvaje, de Ibsen; Crimen y castigo; Todos eran mis hijos de Arthur Miller; Las tres hermanas de Chejov; Un marido ideal de Oscar Wilde; El jardín de los cerezos; Delirios de amor (Párpados) de Iván Zulueta; Gatos en el tejado, de Alfonso Ungría (1987-1988); El olivar de Atocha, de Carlos Serrano (1989); Las chicas de hoy en día, de Fernando Colomo (1991).

• En cuanto al **teatro**, ha representado las siguientes obras: Esta noche tampoco, de López Rubio (1960); El huevo de Felicien Marceau; Black comedy de Peter Schaffer; La estrella de Sevilla de Lope de Vega; Motín de brujas de Benet y Jornet; La gata sobre el tejado de cinc caliente de Tennessee Williams; Geografía de Alvaro del Amo; Sin título de García Lorca; Beckettiana de Samuel Beckett; y Los bosques de Nyx de Javier Tomeo.

Rosana Pastor

ROSANA PASTOR

Nombre real: Rosa Ana Pastor Muñoz.
Nacimiento: 7 de agosto de 1960, en Alboraya (Valencia).

En sus comienzos en la profesión hace pases de modelos y da clases de interpretación a niños. Estudia Arte Dramático en Valencia, formando parte de diferentes compañías teatrales, incluído el Centro Dramático de dicha ciudad. Tras probar suerte profesional en Barcelona, sin fortuna, se traslada a Madrid en 1987, debutando en el cine ese mismo año con «**¿Quién te quiere, Babel?**». Un año más tarde da vida a una seductora mujer infiel en «**Un negro con un saxo**» de FRANCESC BELLMUNT y, tras hacer un pequeño papel en «**Las edades de Lulú**», le llega por fin su oportunidad en la gran pantalla con «**Tierra y libertad**» (1995) del director británico KEN LOACH, en el papel de una guerrillera republicana. En 1997 interpreta a las órdenes de MANUEL LOMBARDERO «**En brazos de la mujer madura**», para más adelante sufrir a JUANJO PUIGCORBE en «**No se puede tener todo**» de JESÚS GARAY. Tras compartir cartel con PERE PONCE en «**El árbol de las cerezas**» (1998), rueda en Perú «**Coraje**» de ALBERTO DURANT, *biopic* sobre una cooperante fundadora de la Federación de Mujeres.

Impacto cinematográfico

Aunque consigue el éxito tras lograr el Premio Goya a la mejor actriz revelación por «**Tierra y libertad**» (1995), esta actriz valenciana ya llevaba una serie de películas a sus espaldas. Con experiencia también en televisión y teatro, se presenta hoy como una de nuestras más sólidas intérpretes.

Filmografía

1987. ¿Quién te quiere, Babel?, de J.P. Ferré. **1988. Un negro con un saxo**, de Francesc Bellmunt. **1989. Monte bajo**, de Julián Esteban. **1990. Las edades de Lulú**, de Bigas Luna. **1993. Una chica entre un millón**, de Alvaro Sáenz de Heredia. **El hombre de la nevera**, de Vicente Tamarit. **1995. Tierra y libertad**, de Ken Loach. **1996. Un gesto más** (*A further gesture*), de Robert Dornhelm. **Sólo se muere dos veces**, de Esteban Ibarretxe. **The Commissioner**, de George Sluizer. **1997. En brazos de la mujer madura**, de Manuel Lombardero. **No se puede tener todo**, de Jesús Garay. **1998. El árbol de las cerezas**, de Marc Recha. **Coraje**, de Alberto Durant. **The comissioner,** de George Sluizer. **Arde amor,** de Raúl Veiga. **un banco en el parque,** de Agustí Vila.

• También ha protagonizado el cortometraje «**Ábreme la puerta**», de Agustí Vila (1996).

• Además, ha trabajado para la televisión en la **serie Benifotrem**, de Toni Canet (para Canal 9), y en el **telefilm «Dues Dones»**, de Enric Folch (para Televisió de Catalunya).

• También para la **televisión**, ha presentado los programas «AMOR A PRIMERA VISTA» y «SUPER RESCAT» (ambos para el Canal 9 valenciano).

• En cuanto al **teatro**, ha representado las siguientes obras: **Monades** de Manuel Ballesteros; **Supongamos que no he dicho nada** de Arniches, Boris Vian y André Gide, dirigida por Rafael Calatayud; **Como la vida misma** de J.Leal y R.García, bajo la dirección de V.Genovés; **Pessoa en persona** de F.Pessoa y A.Labuchi; **El hombre deshabitado** de Rafael Alberti; y **La V columna** de Ernest Hemingway.

Candela Peña

CANDELA PEÑA

Nombre real: María del Pilar Peña Sánchez.
Nacimiento: 14 de julio de 1973, en Gavà (Barcelona).

Tras estudiar Danza y Arte Dramático en Barcelona, hace teatro *amateur* y participa en «SPUTNIK» de TV3. A los diecinueve años se viene a Madrid, debutando con gran éxito en el cine de la mano de IMANOL URIBE en «**Días contados**» (1994). Un año más tarde interpreta en «**Boca a boca**» a una actriz principiante que se gana la vida en una línea erótica, para demostrar luego, junto a SILKE, una gran profesionalidad en «**Hola, ¿estás sola?**» de ICÍAR BOLLAÍN. Tras hacer de criada en «**La Celestina**», comparte cartel con VERÓNICA FORQUÉ en «**¿De qué se ríen las mujeres?**» para, más tarde, simbolizar en «**Insomnio**» la amistad y el respeto.

Impacto cinematográfico

Su personal presencia ante las cámaras atrae de inmediato al público. Con su primer papel en «**Días contados**», por el que es nominada en los Premios Goya y en los Premios de la Unión de Actores como mejor actriz revelación y mejor actriz de reparto, apunta ya una aptitud especial para la interpretación, cualidad que confirma al año siguiente en «**Boca a boca**». En 1995 se le otorga el Premio Ojo Crítico por su recreación de Trini en «**Hola, ¿está sola?**», y dos años más tarde recibe el Premio a la mejor actriz en el Festival Ibérico de Cine de Badajoz por su intervención en el corto «**1, 2, 3 taxi**». Hoy es una de nuestras mejores bazas cinematográficas.

Filmografía

1994. Días contados, de Imanol Uribe. **1995. Boca a boca**, de Manuel Gómez Pereira. **Hola, ¿estás sola?**, de Icíar Bollaín. **1996. La Celestina**, de Gerardo Vera. **1997. ¿De qué se ríen las mujeres?**, de Joaquín Oristrell. **Insomnio**, de Chus Gutiérrez. **1998. Novios**, de Joaquín Oristrell. **Todo sobre mi madre** (que también podría titularse **El cuaderno sucio**), de Pedro Almodóvar *(proyecto)*.

• Ha intervenido en los siguientes **cortometrajes: «Desesperación»**, dirigido por IDEP (Barcelona); «**Adiós... me voy**», dirigido por IDEP (Barcelona); «**Ivo**», de Hugo Copel; «**1, 2, 3 taxi**», de Ricardo Aristeo (1997).

• Además, ha trabajado para la **televisión** en las **series: Sputnik**, de Francesc Fábregas (1992) (para TV3); y **Mar de dudas**, de Manuel Gómez Pereira (1995).

Pere Ponce

PERE PONCE

Nombre real: Pere Ponce Alifonso.
Nacimiento: 14 de octubre de 1964, en Tortosa (Tarragona).

Tras cambiar los estudios de Psicología por los de Interpretación en el Instituto de Teatro de Barcelona, debuta en los escenarios con **Tres boleros**, adaptación de VENTURA PONS. Se inicia en la gran pantalla con **«Pan de angel»** de FRANCESC BELLMUNT, que le dirige también en **«Radio Speed»** y **«Ratita, ratita».** En 1991 comparte protagonismo con ARIADNA GIL en **«Amo tu cama rica»,** revelando en esta película una aptitud especial para la comedia que reafirma tres años más tarde con **«Alegre ma non troppo»** de

FERNANDO COLOMO, esta vez junto a PENÉLOPE CRUZ. En **«Atolladero»,** *western* futurista de OSCAR AIBAR, interpreta al ayudante del *sheriff*, y en **«La ley de la frontera»** (1995) de ADOLFO ARISTARAIN da vida a un chico de buena familia que apuesta por la aventura. En 1996 se pone a las órdenes de EVA LESMES en **«Pon un hombre en tu vida»** y dos años más tarde, con **«El pianista»** de MARIO GAS, nos sorprende en un registro muy distinto al acostumbrado. Ha estado relacionado sentimentalmente con la actriz MERCÉ PONS, con la que trabajó en **«Ratita, ratita»** y **«El porqué de las cosas».**

Impacto cinematográfico

Dotado de una natural facilidad para dar vida a personajes de comedia, recibe en 1984 el Premio de Interpretación de la Generalitat de Catalunya por su debut cinematográfico en **«Pan de ángel».** Siempre a través de la imagen del romántico perdedor, PERE PONCE tiene ya un sitio en el más reciente cine español.

Filmografía

1983. Pan de ángel (*Pa d'angel*), de Francesc Bellmunt. **1984. Un par de huevos** (*Un parell d'ous*), de Francesc Bellmunt. **1986. Radio speed**, de Francesc Bellmunt. **1987. Represión. 1990. Ratita, ratita** (*Rateta, rateta*), de Francesc Bellmunt. **1991. Chatarra**, de Félix Rotaeta. **Amo tu cama rica**, de Emilio Martínez Lázaro. **1993. Todo falso**, de Raimond Masllorens. **1994. Animia de cariño**, de Carmelo Espinosa. **Alegre ma non troppo**, de Fernando Colomo. **1995. El porqué de las cosas**, de Ventura Pons. **Atolladero**, de Oscar Aibar. **La ley de la frontera**, de Adolfo Aristarain. **1996. Pon un hombre en tu vida**, de Eva Lesmes. **Razones sentimentales**, de Antonio A.Farré. **1998. El pianista**, de Mario Gas. **El árbol de las cerezas**, de Marc Recha.

• Ha protagonizado los siguientes cortometrajes: **«Chiuaua»,** de Oscar Aibar (1991); y **«Sangre, sudor y polipiel»,** de Miguel Milena.

• Además, ha trabajado para la **televisión** en las **series: Solució de continuitat, 13x13**, de Manel de Pedrolo, dirigido por R.Reguant; **Auto-Stop, CRÓNICA NEGRA**, de Andreu Martín, dirigido por R.Reguant; **Tot un senyor**, de Esteve Durán (1989); **La mujer de tu vida (La mujer impuntual)**, de Jaime Botella (1991); y **De tal Paco, tal astilla**, de Benito Rabal (1996).

• También para la **televisión**, ha presentado el programa infantil «PINNIC» (1992).

• En cuanto al **teatro**, ha representado las siguientes obras: **Tres boleros** de H.Fierstein, dirigida por Ventura Pons (1982-83); **El despertar de la primavera** de Franz Wedekin, bajo la dirección de Josep María Flotats (1985-86); **Fantástico** de Alfred de Musset, dirigida por Josep María Mestres (1986-87); **Knack** de Ann Jellicoe, dirección de Ricard Reguant (1982-1988); **Los ochenta son nuestros** de Ana Diosdado, dirigida por Jesús Puente (1988-89); **El hombre del destino** de Bernard Shaw, bajo la dirección de María Ruiz (1989-90); **Restauració** de Eduardo Mendoza, dirigida por Ariel García (1990-91); **El temps i els conway** de J.B.Prietsley, dirección de Mario Gas (1992-93).

Eusebio Poncela

EUSEBIO PONCELA

Nombre real: Eusebio Poncela Aprea.
Nacimiento: 15 de septiembre de 1947, en Madrid.

Tras cursar estudios en la Escuela de Arte Dramático, a finales de los años sesenta debuta en los escenarios y en la gran pantalla con una serie de papeles secundarios. En 1975 es dirigido por GONZALO HERRALDE en «**La muerte del escorpión**», y cuatro años más tarde protagoniza «**Operación Ogro**» de GILLO PONTECORVO y «**Arrebato**» de IVÁN ZULUETA. En 1981 consigue un enorme reconocimiento profesional con la magnífica serie de televisión «**LOS GOZOS Y LAS SOMBRAS**» de RAFAEL MORENO ALBA, y un año más tarde hace la función de narrador en la película «**Valentina**» de ANTONIO BETANCOR. Tras inter-venir en «**El arreglo**» de JOSÉ ANTONIO ZORRILLA, rueda a las órdenes de PILAR MIRO «**Werther**» (1986), junto a una extraordinaria MERCEDES SAMPIETRO. Es dirigido por PEDRO ALMODÓVAR en «**Matador**» y «**La ley del deseo**», consiguiendo en esta última una maravillosa interpretación de su personaje. Tras unas destacadas colaboraciones en películas como «**El Dorado**» de CARLOS SAURA, «**Diario de invierno**» de FRANCISCO REGUEIRO o «**El rey pasmado**» de IMANOL URIBE, se exilia voluntariamente en Argentina, donde rueda alguna que otra película y realiza videos musicales con FITO PÁEZ. En 1997 nos estremece de nuevo con su magnífica interpretación en «**Martín (Hache)**» de ADOLFO ARISTARAIN, por la que es muy elogiado por crítica y público.

Impacto cinematográfico

Considerado por muchos como un actor de culto, EUSE-BIO PONCELA se ha caracterizado siempre por una impe-cable recreación de sus personajes. En 1983 recibe por «**El arreglo**» el Premio Sant Jordi, galardón que vuelve a serle entregado en 1997 por su excelente papel en «**Martín Hache**», que le proporciona además el Premio Soleil D'Or a la mejor interpretación masculina en el Festival Internacional de Biarritz. A través de series de televisión como «**LOS GOZOS Y LAS SOMBRAS**» y películas como «**La ley del deseo**» o «**Werther**» (por la que le es otorgado el Premio ACE), este intuitivo actor ha demostrado con creces su buen hacer profesional.

Filmografía

1970. **Fuenteovejuna**, de Juan Guerrero Zamora. 1971. **La semana del asesino**, de Eloy de la Iglesia. **Pastel de sangre**, episodio de Emilio Martínez Lázaro. **La casa sin fronteras**, de Pedro Olea. 1973. **El asesino está entre los trece**, de Javier Aguirre. **Separación matrimonial**, de Angelino Fons. 1974. **Larga noche de Julio**, de Luis José Comerón. 1975. **La muerte del escorpión**, de Gonzalo Herralde. 1977. **In memoriam**, de Enrique Brasó. 1979. **Operación Ogro** (*Ogro*), de Gillo Pontecorvo. **Arrebato**, de Iván Zulueta. 1982. **Entre paréntesis**, de Simón Fábregas. **Valentina**, de Antonio José Betancor (como narrador). 1983. **El arreglo**, de José Antonio Zorrilla. 1986. **Matador**, de Pedro Almodóvar. **Werther**, de Pilar Miró. 1987. **La ley del deseo**, de Pedro Almodóvar. 1988. **El Dorado**, de Carlos Saura. **Diario de invierno**, de Francisco Regueiro. 1989. **Continental**, de Javier Villaverde. 1990. **El invierno en Lisboa**, de José Antonio Zorrilla. 1991. **El rey pasmado**, de Imanol Uribe. 1992. **El juego de los mensajes invisibles**, de Juan Pinzás. **El laberinto griego**, de Rafael Alcázar. **El beso del sueño**, de Rafael Moreno Alba. 1994. **Una sombra ya pronto serás**, de Héctor Olivera. 1997. **Martín (Hache)**, de Adolfo Aristarain. 1998. **La sombra de Caín**, de Paco Lucio. **Sueños en la mitad del mundo**, de Carlos Naranjo.

• Ha intervenido en los **cortometrajes** «**Zumo**», de Alvaro del Amo (1972); y «**Una historia**», de Alvaro del Amo (1978).

• Además, ha trabajado para la **televisión** en las **series: Los gozos y las sombras**, de Rafael Moreno Alba (1981); **Las aventuras de Pepe Carvalho**, de Adolfo Aristarain (1985); y **El misterio de la porcelana**, de Roberto Bodegas (1998).

• En cuanto al teatro, ha representado las siguientes obras: **Mariana Pineda**; **Marat-Sade**; **Romeo y Julieta**; **La gata sobre el tejado de zinc caliente**; **El cementerio de automóviles**.

Juanjo Puigcorbé

JUANJO PUIGCORBÉ

Nombre real: Juan José Puigcorbé Benaiges.
Nacimiento: 22 de julio de 1955, en Barcelona.

Estudia Arte Dramático en el Instituto del Teatro de Barcelona, llevando también a cabo representaciones con el grupo NACA y escribiendo guiones con FRANCESC BELLMUNT. Debuta como actor en los escenarios en 1976 y desde entonces participa en los montajes de prestigiosos nombres, dirigiendo él mismo algunas óperas y espectáculos poéticos. Se inicia en el cine en 1977 con «**La orgía**», en cuyo guión también interviene, y tras algunos papeles secundarios en películas como «**Ultimas tardes con Teresa**», «**La noche más hermosa**», «**La Vaquilla**» o «**Cómo ser mujer y no morir en el intento**», protagoniza «**Salsa rosa**» de MANUEL GÓMEZ PEREIRA. En 1993 consigue un nuevo éxito junto a JUAN ECHANOVE en «**Mi hermano del alma**» de MARIANO BARROSO, pero es en 1994 donde nos revela

sus grandes dotes para la comedia en «**Todos los hombres sois iguales**» de MANUEL GÓMEZ PEREIRA, muy bien secundado por CRISTINA MARCOS, IMANOL ARIAS y ANTONIO RESINES. A partir de entonces, hace películas tan variadas en el plano temático como «**Amores que matan**», «**El amor perjudica seriamente la salud**» o «**El dedo en la llaga**». En 1997 vuelve al terreno de la comedia, tal vez su especialidad, con la película de ANTONIO DEL REAL «**Corazón loco**», en la que vuelve a coincidir en el reparto con CRISTINA MARCOS. Junto a LYDIA BOSCH interpreta ese mismo año «**Al límite**», una historia de intriga dirigida por EDUARDO CAMPOY. En cuanto a la pequeña pantalla, ha intervenido en series como «**MARIANA PINEDA**», «**MIGUEL SERVET**» o «**LA HUELLA DEL CRIMEN**», pero es en «**VILLARRIBA Y VILLABAJO**» donde consigue una enorme popularidad. En teatro, ha representado una veintena de obras, participando en la producción de alguna de ellas.

Impacto cinematográfico

Especializado en personajes cínicos y simpáticos, su polifacética experiencia se reparte entre el cine, el teatro y la televisión.
En 1982 se le concede el Premio de Interpretación de la Consellería de Cultura de la Generalitat, recibiendo cuatro años más tarde el premio al mejor actor en el Festival de Sitges por «**Pasión lejana**». En 1986 le es otorgado el Premio de Interpretación en el Festival Internacional de Cine Dramático, y en 1989 vuelve a conseguir un premio de interpretación en Sitges. Su divertida intervención en «**Salsa rosa**» le permite obtener en 1992 el Premio al Mejor actor en el Festival de Cine de la Comedia de Peñíscola, consiguiendo en los dos años siguientes el Premio de Interpretación en el Festival de Taormina (Italia) y el Premio Interna-

cional de Interpretación de Cine de Catalunya. En 1994 recibe el Fotogramas de Plata y el Premio de la Unión de Actores como mejor actor de televisión por «**VILLARRIBA Y VILLABAJO**», y se le otorga el Premio Luis Buñuel como Consagración Cinematográfica del año. En los escenarios, ha visto recompensada su actuación teatral en **Per un si per un no** (1987) con el Premio Nacional de la Generalitat de Catalunya, el Premio de la Asociación de Actores y Directores de Barcelona, el Premio de la Asociación de Espectadores de Reus y el «Serrador» de Teatro. Un año más tarde le es entregado el Premio Nacional por la obra **Lorenzaccio**, y en 1991 se reconoce su labor en **Trucades a Mitjanit** con el Premio al mejor actor de Teatro concedido por la Asociación de Actores y Directores Profesionales de Cataluña. Asimismo, ha llevado a cabo la escritura de algunos guiones y la dirección de teatro y ópera.

Filmografía

1977. La orgía (*L'Orgia*), de Francesc Bellmunt. **Salut y força al canut**, de Francesc Bellmunt. **1980. La quinta del porro**, de Francesc Bellmunt. **Companys**, de J.M. Forn. **Cuernos a la catalana**, de Francesc Bellmunt. **1981. Barcelona Sur**, de J. Cadena. **1983. Un genio en apuros**, de Luis J. Comerón. **Pan de ángel** (*Pa d'angel*), de Francesc Bellmunt. **1984. Ultimas tardes con Teresa**, de Gonzalo Herralde. **La noche más hermosa**, de Manuel Gutiérrez Aragón. **1985. La vaquilla**, de Luis García Berlanga. **1986. La especialidad de la casa**, de M. Lombardero. **Pasión lejana**, de Jesús Garay. **1987. El acto**, de Héctor Faver. **Mi general**, de Jaime de Armiñán. **Barrios altos**, de José Luis Berlanga. **Amanece como puedas**, de Toni Canet. **Material urbano**, de Jordi Bayona. **1988. La diputada**, de Javier Aguirre. **1990. ¿Lo sabe el ministro?**, de J.M. Forn. **1991. Cómo ser mujer y no

morir en el intento**, de Ana Belén. **Salsa rosa**, de Manuel Gómez Pereira. **Un paraguas para tres**, de Felipe Vega. **1992. La reina anónima**, de Gonzalo Suárez. **El diario de Lady M**, de Alain Tanner. **1993. Rosa, rosae**, de Fernando Colomo. **Mi hermano del alma**, de Mariano Barroso. **Una chica entre un millón**, de Alvaro Sáenz de Heredia. **El sueño de Maureen**, de Romá Guardiet. **Los de enfrente**, de Jesús Garay. **Mal de amores**, de Carlos Balagué. **1994. Todos los hombres sois iguales**, de Manuel Gómez Pereira. **Justino, un asesino de la tercera edad**, de La Cuadrilla. **1995. Gran slalom**, de Jaime Chávarri. **Amores que matan**, de Juan Manuel Chumilla. **1996. Los corsarios del chip**, de Rafael Alcázar. **El amor perjudica seriamente la salud**, de Manuel Gómez Pereira. **El dedo en la llaga**, de Alberto Lecchi. **Les disparues de Sierra Madre**, de Joyce Buñuel. **Mirada líquida**, de Rafael Moleón. **Incierta imagen de mujer**, de Jesús Garay. **1997. Corazón

loco**, de Antonio del Real. **No se puede tener todo**, de Jesús Garay. **Al límite**, de Eduardo Campoy. **Suerte**, de Ernesto Tellería. **La mirada del otro**, de Vicente Aranda. **1998. Coraje**, de Alberto Durant. **Novios**, de Joaquín Oristrell.

• Además, ha trabajado para la **televisión** en las **series: Les Guillermines del rei Salomó**, de Sergi Schaff (1979); **La mort de Eulalia Cervera**, de Merce Vilaret (1979); **Muller que cerca espill**, de Roger Justafré (1979); **La finestra del celobert**, de Sergi Schaff (1980); **La Mary Pickford**, de Sergi Schaff (1980); **A la zona**, de Merce Vilaret (1980); **Clerambard**, de A. Chic (1982); **El cantador**, de Roger Justafré (1982); **El drama de les camelles**, de Roger Justafré (1983); **Mariana Pineda**, de Rafael Moreno Alba (1984); **Goya**, de J. Larraz (1984); **Digui-digui**, de Antonio Ribas (1984); **Besos S.A.**, de Angel Alons (1985); **Marti pare i fill**, de Roger Justafré (1985); **Histories de cara i creu**, de A. Chic (1986); **L'enterrament es a las

Juanjo Puigcorbé

4h., de Roger Justafré (1986); **Miguel Servet: sangre y cenizas**, de José María Forqué (1988); **Fascineros es airepia**, de Ricardo Reguant (1988); **La huella del crimen (El crimen de Perpignan**, de Rafael Moleón (1990); **Un día volveré**, de Paco Betriú (1990); **Réquiem por Granada**, de Vicente Escrivá (1990); **Crónicas del mal (Compañeros en el crimen)**, de Juan Miñón (1991); **Villarriba y Villabajo**, de Luis García Berlanga (1994); **Pepe Carvalho**, de Enrique Urbizu, Merzak Allouache y Franco Giraldi (1998).

• En 1997 hace las funciones de maestro de ceremonias, junto a Carmen Maura, de los Premios Goya.

• En **teatro**, ha representado las obras: **Enrique IV** de Pirandello, dirigida por Mario Gas (1976); **Sueño de una noche de verano** de Shakespeare, dirección de J. Mesalles (1976); **Cantir amunt** de Joan Abellán, dirigida por Lluis Pascual (1976); **La bella Helena** de Offenbach, bajo la dirección de Pere Planella (1979); **Titus Andronicus** de Shakespeare, dirigida por Fabia Puigcerver (1979); **Leonci y Lena** de Buchner, dirección de Lluis Pascual (1980); **Príncipe de Hamburgo** de H.Van Kleist, dirigida por Richard Salvat (1981); **La fam** de Xavier Olivé, dirección de Quim Vilar (1981); **Alta Austria** de Xavier Kroetz, dirigida por Sergi Jove (1981); **Peer Gynt** de Henrik Ibsen (1982); **Hamlet** de Shakespeare, dirección de Pere Planella (1982); **La tempestad** de Shakespeare, dirigida por Jorge Lavelli (1983); **Fulgor y muerte de Joaquín Murrieta** de Neruda, bajo la dirección de Fabia Puigcerver (1985); **Pel devant i pei darrera** de M. Fryan, dirigida por A. Harold (1986); **Per un si per un no** de Natalie Sarraute, dirección de S. Benmusa (1987); **Lorenzaccio** de Alfred de Musset, dirigida por Lluis Pascual (1988); **Vador-Dalí** de J.M. Muñoz Pujol, bajo la dirección de Juan Ollé (1989); **Frank V** de F. Durrenmat, dirigida por Mario Gas (1989); **Trucades a Mitjanit** de Eric Bogosian, bajo la dirección de Pere Planella (1991); y **Las amistades peligrosas** de Christopher Hampton, dirigida por Pilar Miró (1993).

• También en **teatro**, ha ejercido las funciones de productor de las obras **Trucades a Mitjanit** y **Vador-Dalí**.

María Pujalte

MARÍA PUJALTE

Nombre real: María Pujalte.
Nacimiento: 22 de diciembre de 1966, en La Coruña.

Realiza cursillos de Interpretación con DOMINIC DE FACIO, ROBERTO CORDOVANI y ENRIQUE SILVA, y estudia Danza Contemporánea y Jazz con LINDA MORRISON. Debuta en el cine en 1991 con **«Martes de Carnaval»** de PEDRO CARVAJAL, que la vuelve a dirigir dos años más tarde en **«El baile de las ánimas»**, junto a ÁNGELA MOLINA. En 1995 consigue un merecido reconocimiento por su interpre-tación en la película de AZUCENA RODRÍGUEZ **«Entre rojas»**, trabajando un año más tarde a las órdenes de VICENTE ARANDA en **«Libertarias»**. Tras hacer de inspectora de policía en **«Perdona bonita, pero Lucas me quería a mi»**, en 1997 rueda con CRISTINA MARCOS y CANDELA PEÑA **«Insomnio»** de CHUS GUTIÉRREZ antes de formar parte integrante de **«El grito en el cielo»**, tercer largometraje de FÉLIX SABROSO y DUNIA AYASO. Rostro conocido de la pequeña pantalla gracias a la serie **«PERIODISTAS»**, así como de los escenarios, ha trabajado también en el mundo del doblaje.

Impacto cinematográfico

Veterana actriz teatral, recibe el Premio Revelación de la Unión de Actores por **«Entre rojas»** (1995), siendo también por este papel nominada en los Premios Goya como mejor actriz revelación. Dotando a sus personajes de un encanto especial, es hoy un valor seguro de nuestra cinematografía.

Filmografía

1991. Martes de Carnaval, de Pedro Carvajal. **1993. El baile de las ánimas**, de Pedro Carvajal. **1995. Entre rojas**, de Azucena Rodríguez. **1996. Libertarias**, de Vicente Aranda. **Perdona bonita, pero Lucas me quería a mi**, de Félix Sabroso y Dunia Ayaso. **1997. Insomnio**, de Chus Gutiérrez. **El grito en el cielo**, de Félix Sabroso y Dunia Ayaso. **1998. Estrellas de la noche** (que también podría titularse **Los lobos de Washington**), de Mariano Barroso *(proyecto)*.

• Ha protagonizado los **cortometrajes «Macana de dote, ché»**, de Miguel Castro; e **«Interferencias»**, de Antonio Morales (1997).

• Además, ha trabajado para la **televisión** en la **serie Periodistas**, de Daniel Ecija (1998).

• También para la **televisión**, ha presentado el programa «ARROZ CON CHICHARROS» (para la TVG).

• En cuanto al **teatro**, ha representado las siguientes obras: **O roixinol de Bretaña** de Quico Cadaval, bajo la dirección de Xan Cejudo; **Yerma**, dirigida por Miguel Castro; **O codice clandestino** de Quico Cadaval, dirección de Xan Cejudo; **O mozo que chegou de lonxe**, dirigida por Mario Gas; **Martes de Carnaval**, dirección de Mario Gas; **Caníbales** (1997).

• Asimismo, es co-fundadora de Compañía de María, con la que realiza el espectáculo de cabaret **Fisterra-Broadway**.

• Ha sido vocalista del dúo de música brasileña Sufoco.

• Desde 1983 es actriz de doblaje.

Liberto Rabal

LIBERTO RABAL

Nombre real: Francisco Liberto Rabal Cerezales.
Nacimiento: 30 de mayo de 1975, en Roma (Italia).

Nieto del actor FRANCISCO RABAL y de la escritora CARMEN LAFORET, tiene a los cuatro años su primer contacto con el mundo artístico en la serie de televisión «**FORTUNATA Y JACINTA**», donde interpreta al nieto de Paco Rabal. Vuelve a actuar junto a su abuelo en «**Los santos inocentes**» (1984) de MARIO CAMUS y en «**El hermano bastardo de Dios**» (1986) de BENITO RABAL. Su vocación por los animales le lleva a estudiar Biológicas, carrera que pronto abandona por el Séptimo Arte, tomando para ello clases de dicción y de interpretación en la Escuela de JUAN CAR-

LOS CORAZZA y acudiendo a múltiples *castings*. En 1996 EVA LESMES le da su primera oportunidad en «**Pon un hombre en tu vida**», consiguiendo ese mismo año su primer protagonista con «**Tranvía a la Malvarrosa**» de JOSÉ LUIS GARCÍA SÁNCHEZ, arropado por una serie de secundarios de lujo. Tras compartir cartel con actores de la nueva generación en «**Más que amor, frenesí**», en 1997 se incorpora a última hora al rodaje de «**Carne trémula**» de PEDRO ALMODÓVAR. Este mismo año se traslada a los años setenta para pasar unas vacaciones con una familia en crisis en «**El tiempo de la felicidad**» de MANUEL IBORRA. Ha contraído matrimonio en 1997 con la actriz búlgara ADRIANA DAVIDOVA.

Impacto cinematográfico

En 1996 es nominado a los Premios Goya como mejor actor revelación por su primer protagonista en «**Tranvía a la**

Malvarrosa». Descrito como un «*actor de mirada nostálgica, limpia y tímida*», lleva en los genes la naturalidad de su abuelo y posee los labios más carnosos del cine español.

Filmografía

1984. Los santos inocentes, de Mario Camus. **1986. El hermano bastardo de Dios**, de Benito Rabal. **1995. Así en el cielo como en la tierra**, de José Luis Cuerda. **Alma gitana**, de Chus Gutiérrez. **1996. Pon un hombre en tu vida**, de Eva Lesmes. **Tranvía a la Malvarrosa**, de José Luis García Sánchez. **Más que amor, frenesí**, de Alfonso Albacete, Miguel Bardem y David Menkes. **1997. Carne trémula**, de Pedro Almodóvar. **El tiempo de la felicidad**, de Manuel Iborra. **Mare Largo**, de Ferdinando Vicentini.

• Además, ha trabajado para la **televisión** en las **series Fortunata y Jacinta**, de Mario Camus (1980) y "**A las once en casa**", de Pepe Pavón u Eva Lesmes (1998)
• También para la **televisión**, ha intervenido en el programa concurso «CAMPEONES DE LA PLAYA» (1994).

Antonio Resines

ANTONIO RESINES

Nombre real: Antonio Fernández Resines.
Nacimiento: 7 de agosto de 1954, en Torrelavega (Santander).

Tras licenciarse en Ciencias de la Información, en la rama de Imagen, debuta en el cine en 1977 con el cortometraje «**La retención**» de ÓSCAR LADOIRE. Productor antes que actor, interpreta con mayor o menor protagonismo películas como «**Opera prima**» de FERNANDO TRUEBA, «**A contratiempo**» de ÓSCAR LADOIRE o «**La colmena**» de MARIO CAMUS, pero no se toma esta profesión en serio hasta 1983, año en que rueda «**La línea del cielo**» bajo las órdenes de FERNANDO COLOMO. El éxito de «**Sé infiel y no mires con quién**» (1985) y «**La vida alegre**» (1987) le convierte ya en un popular actor cómico que trabaja con regularidad dentro de un mismo registro. Sus personajes a partir de ahora estarán cortados por un patrón similar dentro de una serie de títulos de comedias que pretenden, ante todo, entretener. Así, se pueden citar «**El juego más divertido**», «**Amanece que no es poco**», «**Orquesta Club Virginia**» o «**Todos los hombres sois iguales**». En 1997 encuentra por

Impacto cinematográfico

Convertido en uno de los puntales de la llamada «comedia madrileña», se le otorga en 1980 el Premio Actor Revelación Barandilla de Plata por «**Opera prima**». En 1997, su impecable trabajo en «**La buena estrella**» es reconocido con el Premio Goya al mejor actor y los galardones Ombú de Plata en el Festival de Cine de Mar de Plata y Premio Ondas

fin la oportunidad de demostrar la verdadera amplitud de su registro interpretativo. En «**El tiempo de la felicidad**» de MANUEL IBORRA da vida a un hombre amargado y autodestructivo, y en «**Carreteras secundarias**» de EMILIO MARTÍNEZ LÁZARO trata el difícil tema de la relación «padre-hijo». Con PACO BETRIÚ trabaja en «**Una pareja perfecta**», donde vuelve a retomar su *vis cómica* tras el dramático papel de «**La buena estrella**» de RICARDO FRANCO. Y junto a PENÉLOPE CRUZ y JORGE SANZ encabeza en 1998 el reparto de «**La niña de tus ojos**» de FERNANDO TRUEBA. En televisión consigue gran popularidad en series como «**EVA Y ADÁN, AGENCIA MATRIMONIAL**», «**COLEGIO MAYOR**» y, sobre todo, «**LOS LADRONES VAN A LA OFICINA**» junto a ANABEL ALONSO, con quien ya había coincidido en el programa «OBJETIVO INDISCRETO». Interviene en la creación de la productora BREZAL FILMS y lleva a cabo la función de productor ejecutivo de alguna de sus películas, siendo uno de los escasos actores españoles que se representa a sí mismo. De igual manera, es socio de Central de Producciones Audiovisuales.

(ambos *ex aequo* con Jordi Mollá), quedando también finalista en los Fotogramas de Plata y en los Premios de la Unión de Actores por este papel y recibiendo, además, un premio conmemorativo de la Consejería del Gobierno de Cantabria. Su labor en televisión es también recompensada con el Fotogramas de Plata por la serie «**EVA Y ADÁN, AGENCIA MATRIMONIAL**» (1990).

Filmografía

1980. Opera prima, de Fernando Trueba. **La paloma azul**, de Luis Manuel del Valle. **Crónica de un instante**, de José Antonio Pangua. **La Mano Negra**, de Fernando Colomo. **1981. Palmira**, de José Luis Olaizola. **A contratiempo**, de Oscar Ladoire. **Vecinos**, de Alberto Bermejo. **Siete calles**, de Juan Ortuoste y Javier Rebolledo. **1982. La colmena**, de Mario Camus. **Pares y nones**, de José Luis Cuerda. **Estoy en crisis**, de Fernando Colomo. **Best seller**, de Iñigo Botas. **1983. La línea del cielo**, de Fernando Colomo. **Sal gorda**, de Fernando Trueba. **1984. Todo va mal**, de Emilio Martínez Lázaro (para la televisión). **Bajo en nicotina**, de Raúl Artigot. **Dos mejor que uno**, de Angel Llorente. **Café, coca y puro**, de Antonio del Real. **1985. La reina del mate**, de Fermín Cabal. **La vieja música**, de Mario Camus. **Sé infiel y no mires con quién**, de Fernando Trueba. **1986. Lulú de noche**, de Emilio Martínez Lázaro. **Caín**, de Manuel Iborra. **Luna de lobos**, de Julio Sánchez Valdés. **1987. La vida alegre**, de Fernando Colomo. **Tu novia está loca**, de

Enrique Urbizu. **Moros y cristianos**, de Luis García Berlanga. **El juego más divertido**, de Emilio Martínez Lázaro. **1988. Pasodoble**, de José Luis García Sánchez. **Loco veneno**, de Miguel Hermoso. **Eskorpión**, de Ernesto Tellería. **1989. El vuelo de la paloma**, de José Luis García Sánchez. **El baile del pato**, de Manuel Iborra. **Amanece que no es poco**, de José Luis Cuerda. **1990. Disparate nacional**, de Mariano Ozores. **1991. Cómo ser mujer y no morir en el intento**, de Ana Belén. **Todo por la pasta**, de Enrique Urbizu. **La fuente de la edad**, de Julio Sánchez Valdés. **1992. Orquesta Club Virginia**, de Manuel Iborra. **La marrana**, de José Luis Cuerda. **Acción mutante**, de Alex de la Iglesia. **1993. Tocando fondo**, de José Luis Cuerda. **Todos a la cárcel**, de Luis García Berlanga. **1994. Todos los hombres sois iguales**, de Manuel Gómez Pereira. **Sálvate si puedes**, de Joaquín Trincado. **1996. Tranvía a la Malvarrosa**, de José Luis García Sánchez. **Calor y celos**, de Javier Rebollo. **1997. El tiempo de la felicidad**, de Manuel Iborra. **Carreteras secundarias**, de Emilio Martínez Lázaro. **La buena estrella**, de Ricardo Fran-

co. **Una pareja perfecta**, de Paco Betriú. **Entre todas las mujeres**, de Juan Ortuoste. **1998. La niña de tus ojos**, de Fernando Trueba.

• Ha interpretado alrededor de quince **cortometrajes** entre los que destacan: «**El león enamorado**», de Fernando Trueba (1976); «**La retención**», de Oscar Ladoire (1977); «**Carmen 3ºG**», de Juan Ortueste (1978); «**Seguros en la calle**», de Guillermo Moliní (1979); y «**Detectives sin piedad**», de Luis Lara (1990).

• Ha hecho las funciones de **productor ejecutivo** en los siguientes largometrajes: **La paloma azul** (1980), **2º Show de la Orquesta Mondragón** (1980), **Palmira** (1981) y **Vecinos** (1981).

• Además, ha trabajado para la **televisión** en las **series: Clase media**, de Vicente Amadeo (1987); **La mujer de tu vida (La mujer inesperada)**, de Fernando Trueba (1990); **Eva y Adán, agencia matrimonial**, de Carlos Serrano (1990); **Las chicas de hoy en día**, de Fernando Colomo (1991); **Colegio Mayor**, de Rafael Moleón (1993); **Los ladrones van a la oficina**, de Tito Fernández (1993);

Antonio Resines

La banda de Pérez, de Ricardo Palacios, Roberto Bodegas y José San Mateo (1997), y **A las once en casa**, de Pepe Pavón y Eva Lesmes (1998).

• También para la **televisión presenta,** junto a Anabel Alonso, el **programa** «OBJETIVO INDISCRETO».

• En 1989 realiza, junto a Verónica Forqué, las funciones de maestro de ceremonias de los Premios Goya. Ejerce este mismo papel en los Premios Unión de Actores 1991, esta vez acompañado por Beatriz Carvajal.

• En **teatro**, ha representado **Miles Gloriosus** de Alonso de Santos (1989).

Beatriz Rico

BEATRIZ RICO

Nombre real: Beatriz Juarros Rico.
Nacimiento: 25 de febrero de 1970, en Gijón (Asturias).

Tras permanecer dos años con el grupo Tramoya haciendo teatro de provincias, llega a Madrid en 1989 para estudiar interpretación con WILLIAM LAYTON, CRISTINA ROTA y ZULEMA KAPZ. Consigue pronto popularidad en la pequeña pantalla como azafata del programa concurso «EL PRECIO JUSTO» y, sobre todo, como presentadora de programas infantiles. En 1994 ANTONIO DEL REAL la descubre para el cine con «Los hombres siempre mienten», trabajando un año más tarde junto a EL TRICICLE en «Palace». A las órdenes de FERNANDO FERNÁN-GÓMEZ rueda «Pesadilla para un rico», y en 1997 vuelve a coincidir con ANTONIO DEL REAL en «Corazón loco», junto a JUANJO PUIGCORBÉ y CRISTINA MARCOS. En «Luna de Octubre», rodada en Brasil, hace su primer papel dramático, siendo dirigida más tarde por CHRISTIAN DE SICA en «Simpáticos, antipáticos», junto a ANNA GALIENA.

Impacto cinematográfico

Tras sus comienzos como presentadora en televisión de programas infantiles, BEATRIZ RICO ha tenido ya la oportunidad de demostrar su valía en el cine, tanto en el drama como en la comedia.

Filmografía

1994. Los hombres siempre mienten, de Antonio del Real. **Hermana, ¿pero qué has hecho?**, de Pedro Masó. **1995. Palace**, de El Tricicle. **Pesadilla para un rico**, de Fernando Fernán-Gómez. **1997. Corazón loco**, de Antonio del Real. **Luna de Octubre. Simpáticos, antipáticos**, de Christian de Sica. **Quince**, de Francisco Rodríguez. **En busca del cielo,** de Mustafá Áltioklar. **1998. Cuando el mundo se acabe, te seguiré amando,** de Pilar Sueiro.

• Además, ha trabajado para la **televisión en las series: Historias de la puta mili**, de Jesús Font (1994); **Carmen y familia**, de Oscar Ladoire (1995) y **"A las once en casa"**, de Pepe Pavón y Eva Lesmes (1998)

• También para la **televisión**, ha sido azafata del programa «EL PRECIO JUSTO», de Ramón Pradera (1988). Asimismo, ha presentado los programas infantiles «TELEBUTEN» y «HUGOLANDIA» (1992).

• En cuanto al **teatro**, ha representado **Momentos de mi vida** de Alan Ayckbourn, dirigido por Angel García Moreno.

Ingrid Rubio

INGRID RUBIO

Nombre real: Ingrid Rubio.
Nacimiento: 2 de agosto de 1975, en Barcelona.

A los 13 años entra en una agencia publicitaria, consiguiendo gran popularidad con una sola frase: *«¡Quiero una sopa!»*. Estudia Relaciones Públicas y se inscribe también en un curso de interpretación sin pensar aún en el cine. El director teatral SERGI BELBEL la elige para la serie de TV3 **«SECRETOS DE FAMILIA»** en la que da vida al personaje de *Marta* durante nueve meses. En 1996, el director de casting

Impacto cinematográfico

Actriz de rostro pícaro y gran naturalidad ante las cámaras, recibe en 1996 en el Festival de San Sebastián el premio a la mejor actriz por **«Taxi»**, interpretación por la que se le concede también el Premio Revelación de la Unión de Actores. Ese mismo año le es otorgado el Goya a la mejor actriz revelación por su papel en **«Más allá del jardín»**, don-

JORGE DENIZ la descubre para la gran pantalla en **«Taxi»**, dirigida por CARLOS SAURA, donde interpreta a la hija rebelde de un taxista. Después vendrán **«Más que amor, frenesí»**, **«Más allá del jardín»** y **«En brazos de la mujer madura»**, mostrando distintos registros en cada una de ellas. En 1997, a las órdenes del director noruego BENT HAMER, trabaja junto a PACO RABAL en **«Water easy reach»** para, un año más tarde, encarnar a una de las dos hermanas de **«El faro del sur»** de EDUARDO MIGNOGNA. Ha debutado en teatro con la obra **Tres actos desafiantes** (1997).

de comparte cartel con Concha Velasco. Definida como una *«presencia mágica que se come la pantalla»*, INGRID RUBIO ha dejado ya de ser una promesa para convertirse en una actriz a tener muy en cuenta en el cine español como lo prueba el hecho de haber ganado en 1998 el premio relativo a la mejor actriz del Festival de Montreal (Canadá), por su interpretación en la película **"El faro del sur"**

Filmografía

1996. Taxi, de Carlos Saura. **Más que amor, frenesí**, de Alfonso Albacete, Miguel Bardem y David Menkes. **Más allá del jardín**, de Pedro Olea. **1997. En** brazos de la mujer madura, de Manuel Lombardero. **Water easy reach**, de Bent Hamer. **1998. El faro del sur**, de Eduardo Mignogna. **Extraños**, de Imanol Uribe. **Un banco en el parque**, de Agustí Vila. **Un día bajo el sol,** de Bent Hamer.

• Además, ha trabajado para la **televisión** en la **serie Secretos de familia**, de Eduardo Cortés y Pep Armengol (para TV3) (1995). . En **teatro**, ha debutado con la obra **Tres actos desafiantes** (1997).

Gustavo Salmerón

GUSTAVO SALMERÓN

Nombre real: Gustavo Salmerón.
Nacimiento: 27 de agosto de 1970, en Madrid.

Cursa estudios de Bellas Artes antes de decidir ser actor, para lo cual se introduce en un grupo de teatro y en la Escuela de Interpretación. En 1993 debuta en la gran pantalla con un fugaz papel en «**La ardilla roja**» de JULIO MEDEM, y un año más tarde, tras hacer de *hombre-lobo* en «**El camino de las estrellas**», interpreta a un saxofonista en «**Todo es mentira**» de ALVARO FERNÁNDEZ ARMERO. Consigue su primer protagonista gracias a MANUEL GUTIÉRREZ ARAGÓN en «**El rey del río**», y en 1996 participa en la *ópera prima* del ALFONSO ALBACETE, MIGUEL BARDEM y DAVID MENKES «**Más que amor, frenesí**», junto a jóvenes actores de su misma generación. Ese mismo año rueda «**El dominio de los sentidos**» y protagoniza junto a MERCEDES ORTEGA «**Fotos**», primer largometraje de ELIO QUIROGA. En 1997, tras ser dirigido por TEODORO y SANTIAGO RIOS en «**Mambí**», vuelve a coincidir con ALBACETE y MENKES en «**Atómica**», esta vez en el papel de un adicto al *Internet*. A las órdenes de AGUSTÍN VILLARONGA, se convierte en la víctima de un extraño crimen en la intrigante «**99.9**» antes de formar parte de la película «**Páginas de una historia. Mensaka**» (1998), donde da vida a un apasionado de la música.

Impacto cinematográfico

Actor camaleónico, con una evidente facilidad para cambiar de aspecto, GUSTAVO SALMERÓN ha intervenido en arriesgados proyectos cinematográficos de nuevos realizadores. Finalista en los Fotogramas de Plata 1996 como mejor actor de cine por «**Fotos**», «**Más que amor, frenesí**» y «**El dominio de los sentidos**», nos sigue sorprendiendo con su multiplicidad de registros.

Filmografía

1993. La ardilla roja, de Julio Medem. **1994. El camino de las estrellas** (*O camiño das estrelas*), de Luciano Piñeiro. **Todo es mentira**, de Alvaro Fernández Armero. **1995. El rey del río**, de Manuel Gutiérrez Aragón. **1996. Pulp ration** (*Ración de pulpo*), de José M. Benítez García. **Más que amor, frenesí**, de Alfonso Albacete, Miguel Bardem y David Menkes. **Fotos**, de Elio Quiroga. **El dominio de los sentidos** (episodio de Judith Collell). **1997. Mambí**, de Teodoro y Santiago Ríos. **Atómica**, de Alfonso Albacete y David Menkes. **99.9**, de Agustín Villaronga. **Lluvia en los zapatos**, de María Ripoll. **1998. Páginas de una historia. Mensaka**, de Salvador García Ruiz, **One of the Hollywood**, de Karl Francis (proyecto)

• Junto a Leire Berrocal, ha intervenido en el **cortometraje «Cien maneras de hacer el pollo al txilindrón»**, de Kepa Sojo.

• Además, ha trabajado para la **televisión** como artista invitado del programa «VISTO Y NO VISTO», presentado por Arcadio Pascual y dirigido por Guillermo Suso (1990).

• También para la **televisión**, presenta los programas «DIBUJA-2» y «THAT'S ENGLISH».

• En cuanto al **teatro** ha representado, entre otras, la obra **Talgo con destino a Murcia (Confesiones)** (1996).

• Asimismo, ha hecho en los escenarios un espectáculo de *sketches* en la Sala Berlín Cabaret.

Aitana Sánchez-Gijón

AITANA SÁNCHEZ-GIJÓN

Nombre real: Aitana Sánchez-Gijón de Angelis.
Nacimiento: 5 de Noviembre de 1968, en Roma (Italia).

Hija de profesora italiana y catedrático español, nace en Roma a causa del exilio por causas políticas de este último. En 1976 regresa con su familia a España instalándose en Madrid y a los 13 años se introduce en grupos teatrales. Tras su paso por la compañía «LA BARRACA» de ALICIA HERMIDA se estrena en televisión como entrevistadora del programa juvenil «NOSOTROS». Alcanza en este medio cierta popularidad con la serie de PEDRO MASÓ **«SEGUNDA ENSEÑANZA»** y debuta en el cine de la mano de JOSÉ MARÍA FORQUÉ en **«Romanza final».** En 1989 se afianza en la gran pantalla con la película **«Bajarse al moro»** de FERNANDO COLOMO, realizando luego papeles más o menos extensos en **«El mar y el tiempo»**, **«El laberinto griego»** o **«El pájaro de la felicidad».** Con la serie de televisión

Impacto cinematográfico

Una de las más respetadas actrices jóvenes españolas del cine, el teatro y la televisión, y una de las pocas que ha llegado a Hollywood. De ella se ha dicho que posee *«un rostro demasiado dulce para malvada de película»*, pero también que *«su perversión es la belleza y un pecado de mirada».* En 1987 obtiene el Premio FRANCISCO RABAL a la mejor actriz en el Festival de Cine de Murcia por su trabajo en la película **«Viento de cólera».** Tras quedar finalista en los Fotogramas de Plata como mejor actriz de televisión por **«LA HUELLA DEL CRIMEN»** (1990), consigue este galardón cuatro años más tarde por la serie de Méndez-Leite **«LA REGENTA»,** recreación que le proporciona también el Premio de la Unión de Actores a la mejor interpretación prota-

«LA REGENTA» (1994) dirigida por FERNANDO MÉNDEZ-LEITE logra el estrellato como actriz, dándole la réplica un excelente CARMELO GÓMEZ. Ese mismo año protagoniza su primera incursión en Hollywood en **«Un paseo por las nubes»** de ALFONSO ARAU, y en **«Boca a boca»** (1995) de MANUEL GÓMEZ PEREIRA forma una singular pareja con JAVIER BARDEM. En 1997 interpreta a una mujer llena de ingenuidad y dolor en la película de JAIME CHAVARRI **«Sus ojos se cerraron, y el mundo sigue andando»,** siendo dirigida este mismo año por BIGAS LUNA en **«La camarera del Titanic».** Actriz de reconocida profesionalidad en la gran pantalla, consigue también en el teatro el aplauso de crítica y público gracias a la obra de TENNESSEE WILLIAMS **La gata sobre el tejado de zinc caliente.** Tiene actualmente su propia compañía teatral, denominada STRION, que está dirigida a jóvenes actores.

gonista de televisión. Este mismo año queda también finalista en los Fotogramas de Plata como mejor actriz de cine por **«Boca a boca».** En teatro le ha sido concedido por la Asociación de Teatro Independiente el premio a la mejor actriz por la obra **A puerta cerrada.** También se llevó el premio Ícaro a la mejor actriz, concedido por Diario 16, por su actuación en las obras **La malquerida** y **El hombre deshabitado.** En 1996 consigue el Fotogramas de Plata a la mejor actriz de teatro por **La gata sobre el tejado de zinc caliente,** y por su labor en **«La camarera del Titanic»**(1997) recibe un Trofeo Especial en el Festival de Punta del Este, además de quedar finalista como mejor actriz de cine en los Fotogramas de Plata. Es la más políglota de nuestras actrices en la actualidad al ser capaz de rodar en cinco idiomas, lo que la convierte en una gran baza a nivel internacional.

Filmografía

1986. Romanza final, de José María Forqué. **Redondela**, de Pedro Costa. **1987. Viento de cólera**, de Pedro de la Sota. **No hagas planes con Marga**, de Rafael Alcázar. **1988. Remando al viento**, de Gonzalo Suárez. **Jarrapellejos**, de Antonio Giménez-Rico. **1989. Bajarse al moro**, de Fernando Colomo. **El mar y el tiempo**, de Fernando Fernán-Gómez. **1990. El fraile**, de Francisco Lara Polop. **1992. El laberinto griego**, de Rafael Alcázar. **El marido perfecto**, de Beda Docampo Feijoo. **1993. Havanera 1820**, de Antoni Verdaguer. **El pájaro de la felicidad**, de Pilar Miró. **1994. Un paseo por las nubes** (*A walk in the clouds*), de Alfonso Arau. **1995. La leyenda de Balthasar el castrado**, de Juan Miñón. **La ley de la frontera**, de

Adolfo Aristarain. **Boca a boca**, de Manuel Gómez Pereira. **1996. Love walked in** (*Y llegó el amor* será posiblemente su título en España), de Juan José Campanella. **1997. Sus ojos se cerraron, y el mundo sigue andando**, de Jaime Chávarri. **La camarera del Titanic**, de Bigas Luna. **1998. Zapata**, de Alfonso Arau. **Yerma**, de Pilar Távora. **Volavérunt**, de Bigas Luna *(proyecto)*. **Labalia,** de Marco Bellocchio *(proyecto).*

• Además, ha trabajado para la **televisión en las series: Moscacieiga**, de Mario Caiano (1984); **Segunda enseñanza**, de Pedro Masó (1985); **Don Rock**, de Rafael Alcázar (serie musical) (1986); **La huella del crimen (El crimen de Perpignan)**, de Rafael Moleón (1990); **Casanova** (*Casanova*), de Simon Langton (1987); **La mujer de tu vida (La mujer impuntual)**, de Jaime Botella

(1991); **El Quijote**, de Manuel Gutiérrez Aragón (1991); **La Regenta**, de Fernando Méndez-Leite (1994).

• También para la **televisión**, ha presentado los programas: «NOSOTROS», «MICRO-MAKRO» y «DÍAS DE CINE».

• En 1992 hace la función de maestra de ceremonias, junto a José Coronado, de los Premios Goya.

• En **teatro**, debuta con la obra **La gran pirueta**, de José Luis Alonso de Santos. Ha intervenido también en **La malquerida** de Jacinto Benavente, dirigida por Miguel Narros; **El hombre deshabitado**, de Emilio Hernández; **El vergonzoso en palacio**, de Adolfo Marsillach; **A puerta cerrada**, de Miguel Narros; **Entre bobos anda el juego;** y **La gata sobre el tejado de zinc caliente** de Tennessee Williams.

Jorge Sanz

JORGE SANZ

Nombre real: Jorge Sanz Miranda.
Nacimiento: 26 de agosto de 1969, en Madrid.

A los nueve años de edad debuta en la gran pantalla con «**La miel**» de PEDRO MASÓ, y en 1982 hace un pequeño papel en «**Conan, el bárbaro**» tras protagonizar «**La leyenda del tambor**» de JORGE GRAU. Demostradas ya sus dotes como actor, trabaja junto a un genial ANTHONY QUINN en «**Valentina**», y en 1986 tiene su primer encuentro con FERNANDO TRUEBA en «**El año de las luces**», película que le empareja por vez primera con MARIBEL VERDÚ. Tras hacer del hermano pequeño de IMANOL ARIAS en «**El Lute II (Mañana seré libre)**», se pone de nuevo a las órdenes de VICENTE ARANDA en «**Si te dicen que caí**» y «**Amantes**», seguramente las dos mejores interpretaciones de su carrera. En 1992, FERNANDO TRUEBA le incluye en su oscarizada «**Belle Epoque**» y, tras protagonizar la serie de televisión

«**COLEGIO MAYOR**», rueda «**Los peores años de nuestra vida**» a las órdenes de EMILIO MARTÍNEZ LÁZARO. Con «**Hotel y domicilio**» consigue una composición de gran intensidad dramática, y en «**Un gesto más**», coproducción angloamericana, da vida a un hispano revolucionario. En 1997 abandona a última hora el rodaje de la película «Carne trémula» de PEDRO ALMODÓVAR, quien ya anteriormente le había ofrecido sin éxito «¡Átame!». Este mismo año realiza una colaboración especial en «**¿De qué se ríen las mujeres?**», para formar luego parte de la comedia de enredo «**Cha, cha, cha**» de ANTONIO DEL REAL. Con FERNANDO TRUEBA vuelve a coincidir una vez más en «**La niña de tus ojos**» (1998), en la que comparte cartel con PENÉLOPE CRUZ y ANTONIO RESINES. JORGE SANZ es también socio de una agencia de figuración que suministra *punkies, skinheads, heavies* y otras tribus urbanas a películas y series.

Impacto cinematográfico

Bautizado en algunas ocasiones como *«el Tom Cruise español»*, es galardonado con el Premio Revelación en el Festival de San Sebastián y el Premio Aguila de Oro en el Festival de Manila por su entrañable Pepe Garcés de «**Valentina**» (1982). Cuatro años más tarde, por «**El año de las luces**», recibe el premio al mejor actor en el Festival de Nîmes y su primera nominación en los Premios de la Academia. Nuevamente nominado, esta vez como mejor actor de reparto, por «**El Lute II (Mañana seré libre)**» (1988), consigue por fin hacerse con el Premio Goya gracias a su impe-

cable recreación en «**Si te dicen que caí**», papel que le proporciona, además, el Fotogramas de Plata al mejor actor de cine, el premio al mejor actor en el Festival de Nîmes, el Premio Sant Jordi y el Premio Conseil d'Etat en el Festival de Ginebra. Nominado en dos ocasiones más a los Premios de la Academia por las películas «**Amantes**» y «**Belle Epoque**», esta última le hace merecedor de un nuevo Fotogramas de Plata al mejor actor de cine. Asimismo fue galardonado en la IX Semana de Cine Español de Aguilar de Campo (Palencia). Es probablemente el galán joven más cotizado del cine español en la actualidad.

Filmografía

1979. La miel, de Pedro Masó. **1980. Dos pillos y pico**, de Ignacio F.Iquino. **Dos y dos son cinco**, de Luis José Comerón. **El canto de la cigarra**, de José María Forqué. **Los locos vecinos del segundo**, de Juan Bosch. **1981. La leyenda del tambor** (*El timbaler del Bruc*), de Jorge Grau. **La rebelión de los pájaros** (*La revolta dels ocells*), de Luis José Comerón. **1982. Conan, el bárbaro** (*Conan the barbarian*), de John Milius. **Mar brava**, de Angelino Fons. **Valentina**, de Antonio Betancor. **Vivir mañana**, de Nino Quevedo. **1984. Dos mejor que uno**, de Angel Llorente. **1986. Mambrú se fue a la guerra**, de Fernando Fernán-Gómez. **El año de las luces**, de Fernando Trueba. **1987. Gallego**, de Manuel Octavio Gómez. **1988. El Lute II (Mañana seré libre)**, de Vicente Aranda. **1989. Si te dicen que caí**, de Vicente Aranda. **Continental**, de Javier Villaverde. **Monte bajo**, de Julián Este-

ban Rivera. **Torch**, de R. Crichum. **1991. Amantes**, de Vicente Aranda. **Tramontana**, de Carlos Pérez Ferré. **1992. Orquesta Club Virginia**, de Manuel Iborra. **Belle Epoque**, de Fernando Trueba. **1993. ¿Por qué lo llaman amor cuando quieren decir sexo?**, de Manuel Gómez Pereira. **Tocando fondo**, de José Luis Cuerda. **1994. Los peores años de nuestra vida**, de Emilio Martínez Lázaro. **Todo es mentira**, de Alvaro Fernández Armero. **1995. Morirás en Chafarinas**, de Pedro Olea. **Hotel y domicilio**, de Ernesto del Río. **1996. Libertarias**, de Vicente Aranda. **Un gesto más** (*A further gesture*), de Robert Dornhelm. **1997. ¿De qué se ríen las mujeres?**, de Joaquín Oristrell. **Cha, cha, cha**, de Antonio del Real. **1998. Manos de seda**, de César Martínez Herrada. **The garden of redemtion**, de Tom Donell. **Torrente, el brazo tonto de la ley**, de Santiago Segura. **La niña de tus ojos**, de Fernando Trueba. **En un claroscuro de la luna**, de Sergio Olo-

vich. **Pepe Guindo,** de Manuel Iborra.

• Asimismo, ha intervenido en los **cortometrajes** «**Sé que estás ahí**», de Manuel Angel Fernández (1990); y «**El nacimiento de un imperio**», de José María Borrell (1998).

• Además, ha trabajado para la televisión en las **series:** Goya, de Antonio Isasi (1984); **Segunda enseñanza**, de Pedro Masó (1985); **Las aventuras de Pepe Carvalho**, de Adolfo Aristatain (1985); **Los jinetes del alba**, de Vicente Aranda (1989); **La forja de un rebelde**, de Mario Camus (1990); **Colegio mayor**, de Rafael Moleón (1993); **Curro Jiménez** (2ª parte), de Benito Rabal, Julio Sánchez Valdés y José Antonio Páramo (1994); **Pepa y Pepe**, de Manuel Iborra (1994), y **Colegio Mayor II**, de José Pavón (1994). También ha trabajado en el telefilm «**El séptimo cielo**», de Mónica Randall (1989).

• En 1991 realiza, junto a Lydia Bosch, la función de maestro de ceremonias de los Premios Goya.

Rosa María Sardá

ROSA MARÍA SARDÁ

Nombre real: Rosa María Sardá.
Nacimiento: 30 de julio de 1941, en Barcelona.

Hoy una de nuestras más polifacéticas actrices, se inicia en el cine en 1980 con **«El vicario de Olot»** de VENTURA PONS. En 1987, junto a un plantel de conocidos actores españoles, rueda a las órdenes de LUIS GARCÍA BERLANGA **«Moros y cristianos»,** y tras ser dirigida por FRANCESC BELLMUNT en **«Ratita, ratita»,** en 1994 interpreta a una madre muy particular en **«Alegre ma non tropo»** de FERNANDO COLOMO. Un año más tarde repite con COLOMO en **«El efecto mariposa»,** para formar luego un singular dúo con CARMEN MAURA en la comedia romántica **«Pare-** ja de tres» de ANTONI VERDAGUER. En 1997, además de intervenir en **«Airbag»** y **«Mátame mucho»,** nos regala un duelo interpretativo con ANDRÉS PAJARES en **«Grandes ocasiones».** De nuevo a la órdenes de VENTURA PONS rueda **«Caricias»,** amarga película sobre la incomunicación, antes de ponerse a las órdenes de FERNANDO TRUEBA en **«La niña de tus ojos»** (1998), junto a PENÉLOPE CRUZ. En la pequeña pantalla, ROSA MARÍA SARDÁ adquiere una enorme popularidad con programas como «AHÍ TE QUIERO VER» y «OLÉ TUS VIDEOS», dándoles siempre un toque especial en su tratamiento. También ha sido aplaudido su trabajo en el teatro, con títulos como **Yo me bajo en la próxima ¿y usted?** o **Madre coraje y sus hijos.**

Impacto cinematográfico

Rostro ya muy conocido, sobre todo a través de la pequeña pantalla, ROSA MARÍA SARDÁ ha demostrado también su valía en el mundo del cine y el teatro. Galardonada por la Generalitat de Catalunya en sus diferentes facetas artísticas, recibe en 1993 el Premio Goya a la mejor actriz de reparto por su interpretación en la película **«¿Por qué lo llaman amor cuando quieren decir sexo?».** Actriz «todoterreno», ha creado un estilo propio casi siempre visto desde la perspectiva del humor.

Filmografía

1980. El vicario de Olot, de Ventura Pons. **1983. Radio folla,** de Francesc Bellmunt. **1987. Moros y cristianos,** de Luis García Berlanga. **1990. Ratita, ratita** (*Rateta, rateta*), de Francesc Bellmunt. **El anónimo,** de Alfonso Arandia. **Un submarino en el mantel,** de Ignasi P. Farré. **¿Lo sabe el ministro?,** de Josep María Forn. **1993. La fiebre del oro,** de Gonzalo Herralde. **¿Por qué lo llaman amor cuando quieren decir sexo?,** de Manuel Gómez Pereira. **El cianuro, ¿solo o con leche?,** de José Ganga. **1994. Alegre ma non troppo,** de Fernando Colomo. **1995. Suspiros de España y Portugal,** de José Luis García Sánchez. **El efecto mariposa,** de Fernando Colomo. **Pareja de tres,** de Antoni Verdaguer. **1997. Airbag,** de Juanma Bajo Ulloa. **Mátame mucho,** de José Angel Bohollo. **Siempre hay un camino a la derecha,** de José Luis García Sánchez. **Grandes ocasiones,** de Felipe Vega. **Actrices,** de Ventura Pons. **Caricias,** de Ventura Pons. **La duquesa roja,** de Paco Betriú. **1998. La niña de tus ojos,** de Fernando Trueba. **Todo sobre mi madre** (que también podría titularse **El cuaderno sucio),** de Pedro Almodóvar *(proyecto).*

• Asimismo, ha intervenido en los cortometrajes **«Romántico»,** de Aurora Corominas; e **«Igual caen dos (El atardecer de pezuñas)»,** de Álex Calvo Sotelo (1997).

• Además, ha trabajado para la **televisión** en la **serie Villa Rosaura,** de Manuel Ripoll (1994).

• También para la **televisión,** ha intervenido en los siguientes programas: «TESTA AMB ROSA MARÍA SARDÁ», de Terenci Moix; «LES NITS DE LA TIETA ROSA», de María Aurelia Campmany; «PER MOLTS ANYS», de Rosa María Sardá; «AHÍ TE QUIERO VER», de Miquel Fortuny (1984); «BETES I FILMS», de Rosa María Sardá; «OLÉ TUS VIDEOS», de La Trinca (1991).

• En 1994 realiza la función de maestra de ceremonias de los Premios Goya. Además, presenta el programa especial «CÁMARA OCULTA: 50 AÑOS».

• En cuanto al **teatro,** ha representado las siguientes obras: **El Knak,** de Terenci Moix; **Tartan dels micos contra lestreta de Eixample,** de Terenci Moix; **Esperando a Godot** de Samuel Beckett; **Una vella coneguda olor,** (T.V.) de Benet y Jornet; **Quan la radio parlava de Franco,** de Benet y Jornet; **Descripció d'un paissatge,** de Benet y Jornet; **Revolta de bruixes** (T.V.), de Benet y Jornet; **Roses rojes per mi,** de Sean O'Cassey; **Sopa de pollastre amb ordi,** de Arnold Wesker; **Rosa i María,** de Irenesus Iredinski (traducción de Terenci Moix y Marta Pol); **Una estona amb la Sardá,** de Terenci Moix, Rosa María Sardá y Marta Pol; **El balco,** de Jean Genet; **Duet per un sol violi,** de Tom Kempinski; **Yo me bajo en la próxima, ¿y usted?,** de Adolfo Marsillach; **Madre Coraje y sus hijos** de Bertolt Brecht; **La rambla de les floristes** (T.V.), de Josep María de Segarra; **Ai carai** de Benet y Jornet, dirección y presentación de Rosa María Sardá; **L'hostal de la Gloria,** de Josep María Segarra.

• En 1998 codirige con Fernando Colomo el monólogo **Un día cualquiera,** interpretado por Anabel Alonso.

• Junto a La Trinca, ha intervenido en los siguientes espectáculos musicales: «Trincar i riure», «Xauxa» y «Mort de gana».

Santiago Segura

SANTIAGO SEGURA

Nombre real: Santiago Segura.
Nacimiento: 1965, en Madrid.

Es sin duda uno de los personajes más peculiares y controvertidos del nuevo cine español. Licenciado en Bellas Artes, sus primeras apariciones ante el público las hace como concursante de programas de televisión como «LOCOS POR LA TELE» o «VIVAN LOS NOVIOS», siempre en busca de dinero para financiar sus cortometrajes. Poco a poco va consiguiendo en la gran pantalla papeles como figurante («**Las edades de Lulú**» o «**Tacones lejanos**») y su rostro se hace popular como invitado en todo tipo de programas televisivos. Su relación profesional con ÁLEX DE LA IGLESIA comienza en 1992 con un papel secundario en «**Acción mutante**», al que siguen colaboraciones con otros directores en películas como «**Todos a la cárcel**», «**Sexo oral**», o «**Todo es mentira**». En 1995 encarna a José María,

el *heavy* carabanchelero y satánico de «**El día de la bestia**», su primer papel protagonista que le otorga el reconocimiento de público y crítica. A partir de ese momento se vuelca en la producción de su primer largometraje: «**Torrente, el brazo tonto de la ley**», al tiempo que interviene en títulos como «**Tengo una casa**», «**Two much**» o «**Perdita Durango**». Tras demostrar su particular línea de humor en la dirección de cortos, estrena al fin su primer largometraje en 1998. «**Torrente, el brazo tonto de la ley**». Este film, además de devolvernos a la gran pantalla, tras veinticinco años de ausencia, al genial TONY LEBLANC, se convierte en un éxito de público sin precedentes, y a los dos meses de su estreno es la película española más taquillera de la historia, lo que origina que Santiago Segura manifieste que está pensando en rodar una segunda parte que, según sus propias palabras, podría titularse «Maricón es el que recibe».

Impacto cinematográfico

Personaje polifacético (concursante de televisión, doblador de películas X, guionista de comics y tertuliano de televisión...), cuenta en su haber con dos Premios Goya, uno al mejor cortometraje de ficción por «**Perturbado**» (1993) y

otro como actor revelación por «**El día de la bestia**» (1995). Invitado omnipresente en radio y televisión, ha colocado muy alto el listón de la taquilla española con su primera película, convirtiéndose además en un director que asegura la rentabilidad de las producciones en las que se involucra.

Filmografía

1990. Las edades de Lulú, de Bigas Luna. **1991. Tacones lejanos**, de Pedro Almodóvar. **1992. Acción mutante**, de Alex de la Iglesia. **1993. Todos a la cárcel**, de Luis García Berlanga. **1994. Sexo oral**, de Chus Gutiérrez. **1994. Todo es mentira**, de Alvaro Fernández Armero. **1995. El día de la bestia**, de Alex de la Iglesia. **Matías, juez de línea**, de La Cuadrilla. **Tengo una casa**, de Mónica Laguna. **1996. Killer Barbys,** de

Jess Franco. **Two much**, de Fernando Trueba. **1997. Airbag**, de Juanma Bajo Ulloa. **Perdita Durango**, de Alex de la Iglesia. **1998. La niña de tus ojos**, de Fernando Trueba. **Muertos de risa**, de Álex de la Iglesia .

• En **1998 dirige, escribe y protagoniza** «**Torrente, el brazo tonto de la ley**».

• Ha hecho la función de **guionista, realizador y protagonista** de los siguientes **cortometrajes:** «**Evilio**» (1992); «**Perturbado**» (1993); «**Evilio**

vuelve: el purificador» (1994). Asimismo, interviene en el corto «**Doctor Curry,**» de David Alcalde.

• Además, ha trabajado para la **televisión** en la **serie Tres hijos para mí solo**.

• También para la **televisión**, ha presentado el programa concurso «DOBLES PAREJAS» (1996), y ha colaborado en «EL PROGRAMA DE CARLOS HERRERA» (1997) y «MOROS Y CRISTIANOS» (1997).

Nathalie Seseña

NATHALIE SESEÑA

Nombre real: Nathalie Ronse Seseña.
Nacimiento: Un 11 de noviembre, en Madrid.

Nieta del actor no profesional TOMÁS SESEÑA, ingresa en la Real Escuela Oficial de Arte Dramático, completando dichos estudios con STRASBERG y PHILIPPE GAULIER en Londres. FERNANDO COLOMO le ofrece la oportunidad de debutar en televisión («**LAS CHICAS DE HOY EN DÍA**»)

Impacto cinematográfico

Poseedora de un físico muy característico, recibe en 1996 el Premio de la Unión de Actores a la mejor actriz de

y en cine («**Alegre ma non troppo**»), y en 1995 es dirigida por EL TRICICLE en «**Palace**». Sin embargo es con «**El día de la bestia**» cuando consigue un reconocimiento general a su trabajo, que confirma en títulos ya importantes del cine español tales como «**La Celestina**» o «**Airbag**». En 1997, tras rodar con JOSE ÁNGEL BOHOLLO «**Mátame mucho**», interpreta al fin uno de sus primeros papeles protagonistas en «**Atómica**» de ALFONSO ALBACETE y DAVID MENKES.

reparto por su papel en «**La Celestina**». Tras haber sido una de las actrices secundarias más señaladas por la crítica, NATHALIE SESEÑA es hoy un elemento imprescindible en nuestro cine de comedia.

Filmografía

1994. Alegre ma non troppo,de Fernando Colomo. **1995. Palace**, de El Tricicle. **El día de la bestia**, de Alex de la Iglesia. **1996. La Celestina**, de Gerardo Vera. **Dame algo**, de Héctor Carré. **1997. Airbag**, de Juanma Bajo Ulloa. **Mátame mucho**, de José Angel Bohollo. **Atómica**, de Alfonso Albacete y David Menkes. **La duquesa roja**, de Paco Betriú. **1998. Cásate conmigo, Maribel**,

de Angel Blasco. **Agujetas en el alma,** de Fernando Merinero.

• Junto a Pere Ponce, ha protagonizado el **cortometraje** «**Sangre, sudor y polipiel**», de Miguel Milena.

• Además, ha trabajado para la **televisión** en las **series: Las chicas de hoy en día**, de Fernando Colomo (1991); **Una gloria nacional**, de Jaime de Armiñán (1991); **Farmacia de guardia**, de Antonio Mercero (1991); **Celia**, de José Luis Borau (1992).

• También para la **televisión**, ha presentado el programa «VIDEOS DE PRIMERA», de Jorge Horacio (1993). Asimismo, ha protagonizado la sección *«La consulta de la doctora Delgado»* del programa «LO MÁS PLUS», dirigida por Fernando Colomo y Luis Oliveros (1995) (para Canal Plus).

• En cuanto al **teatro**, ha representado las siguientes obras: **Don Juan último**, de Bob Wilson; y **Fiesta barroca**, de Miguel Narros.

Silke

SILKE

Nombre real: Silke Hornillos Kleine.
Nacimiento: 6 de febrero de 1974, en Madrid.

De padre español y madre alemana, debuta en el cine de la mano de MANUEL IBORRA en **«Orquesta Club Virginia».** Pensando más en el teatro experimental que en el cine, cursa estudios en el Laboratorio Teatral de William Layton, período en el que JULIO MEDEM la elige para la protagonista de **«Tierra»,** un personaje auténtico y sensual.

Impacto cinematográfico

Actriz intuitiva y vital, transmite a la pantalla una sensual rebeldía. En 1996 recibe una nominación como mejor actriz revelación en los Premios Goya por **«Tierra».** Esta

Sin embargo, se estrenan antes las dos siguientes películas de la actriz: **«Hola, ¿estás sola?»** de ICÍAR BOLLAÍN y **«Tengo una casa»** de MÓNICA LAGUNA. En poco más de un año consigue gran popularidad con su incipiente pero prometedora filmografía. Se traslada a Buenos Aires en 1996 para rodar a las órdenes de JANA BOKOVA **«Puerto»,** coproducción hispano-argentina basada en una obra de Julio Cortázar. Al año siguiente realiza una breve aparición en **«Insomnio»,** de CHUS GUTIÉRREZ.

misma interpretación le hace merecedora del Premio a la mejor actriz, concedido por el semanal valenciano de espectáculos CARTELERA TURIA. Sin duda alguna, su imagen se ha convertido en el símbolo de una nueva generación.

Filmografía

1992. Orquesta Club Virginia, de Manuel Iborra. **1995. Hola, ¿estás sola?,** de Icíar Bollaín. **Tengo una casa,** de Mónica Laguna. **1996. Tierra,** de Julio Medem. **Diario para un cuento,** de Jana Bokova. **1997. Insomnio,** de Chus Gutiérrez. **1998. Y tú, ¿qué harías por amor?,** de Saura Medrano *(proyecto).*

• Ha intervenido en el **corto «Miranda hacia atrás»** dirigido por Pedro Paz (1997), premiado con el Fotogramas de Plata al Mejor Cortometraje.

Emma Suárez

EMMA SUÁREZ

Nombre real: Emma Suárez Bodelón.
Nacimiento: 25 de junio de 1964, en Madrid.

Su primer contacto con el mundo artístico le llega a través del *spot* de un ambientador. A los catorce años es elegida para su debut cinematográfico **«Memorias de Leticia Valle»,** entusiasmando su trabajo en el Festival de Cine de San Sebastián. Diez años más tarde rueda **«La blanca paloma»** de JUAN MIÑÓN y **«Contra el viento»** de PACO PERIÑÁN, y en 1992 inicia su fructífera andadura con el entonces director novel JULIO MEDEM en **«Vacas»,** donde coincide por primera vez con CARMELO GÓMEZ, sin duda alguna la mejor pareja de la actriz. Tras rodar con MANUEL IBORRA **«Orquesta Club Virginia»** y con JUAN ESTELRICH **«La vida láctea»,** repite con MEDEM y con CARMELO GÓMEZ en **«La ardilla roja»** (1993), consiguiendo por este trabajo una gran acogida de crítica y público. A las órdenes de PEDRO COSTA interpreta en 1995 a una mujer normal, sin traumas ni complejos, en **«Una casa en las afueras»**, y un año más tarde vuelve a encontrarse con el tándem MEDEM-GÓMEZ en **«Tierra».** PILAR MIRÓ la empareja de nuevo con CARMELO en **«El perro del hortelano»** y **«Tu nombre envenena mis sueños»** y, tras hacer una prueba para «El Zorro» de STEVEN SPIELBERG que queda en simple anécdota, protagoniza y produce **«Pintadas».** En la pequeña pantalla consigue una enorme popularidad a través de su personaje en la serie **«QUERIDO MAESTRO»,** junto a IMANOL ARIAS. Ha estado unida sentimentalmente hasta 1996 al director de cine JUAN ESTELRICH, con el que tiene un hijo.

Impacto cinematográfico

Aunque su imagen representa una natural frescura, EMMA SUÁREZ se ha especializado en personajes complejos y atormentados. En 1989 recibe el Premio Sant Jordi de la Generalitat de Catalunya, el Premio a la actriz revelación del año y el Premio de la Asociación de Directores Cinematográficos y Audiovisuales de Televisión por su interpretación en **«La blanca paloma».** En 1993 se le otorga el Premio Sant Jordi, el Premio de la Unión de Actores y el Premio de la Revista Cartelera Turia por **«La ardilla roja».** Por esta interpretación es además nominada en los Premios Goya, quedando también finalista como mejor actriz de cine en los Fotogramas de Plata. En 1996 es galardonada con el Premio Goya y con el Fotogramas de Plata a la mejor actriz por su recreación de Diana en **«El perro del hortelano»,** trabajo por el que también recibe el Premio a la mejor actriz en el Festival de Cine de Pescara (Italia). En la pequeña pantalla, ha visto reconocida su labor en la serie **«QUERIDO MAESTRO»** al optar como finalista a la mejor actriz de televisión en los Fotogramas de Plata 1997. Asimismo, la firma de cosméticos MAX FACTOR le ha concedido el Premio al «rostro más bonito del cine español». Hoy es la musa de directores noveles y veteranos.

Filmografía

1979. Memorias de Leticia Valle, de Miguel Ángel Rivas. **1980. Crónica de un instante,** de José Antonio Pángua Pérez. **1981. Un pasota con corbata,** de Jesús Terrón. **1983. 1919, Crónica del Alba,** de Antonio José Betancor. **1984. El jardín secreto,** de Carlos Suárez. **Sesión continua,** de José Luis Garci. **1985. Marbella, un golpe de cinco estrellas,** de Miguel Hermoso. **Nosotros en particular,** de Domingo Solano. **En penumbra,** de José Luis Lozano. **Hierro dulce,** de Francisco Rodríguez. **1986. Tata mía,** de José Luis Borau. **El próximo verano,** de Francisco Abad. **1987. El acto,** de Héctor Faver. **Oficio de muchachos,** de Carlos Romero Marchent. **1989. Demasiado viejo para morir joven,** de Isabel Coixet. **La luna negra,** de Imanol Uribe. **La blanca paloma,** de Juan Miñón. **1990. A solas contigo,** de Eduardo Campoy. **Contra el viento,** de Francisco Periñán. **1991. Tramontana,** de Carlos Pérez Ferré. **1992. Vacas,** de Julio Medem. **Orquesta Club Virginia,** de Manuel Iborra. **La vida láctea,** de Juan Estelrich. **1993. La ardilla roja,** de Julio Medem. **Enciende mi pasión,** de José Luis Ganga. **1994. Souvenir,** de Rosa Vergés. **Sombras paralelas,** de Gerardo Gormezano. **Lazos,** de Alfonso Ungría (largometraje para la televisión). **1995. Una casa en las afueras,** de Pedro Costa Musté. **1996. Tierra,** de Julio Medem. **El perro del hortelano,** de Pilar Miró. **Pintadas,** de Juan Estelrich. **Tu nombre envenena mis sueños,** de Pilar Miró. **1998. Golpe de estadio,** de Sergio Cabrera. **Perdidas sin norte** (título provisional), de Antonio Albert *(proyecto).* **Aunque tú no lo sepas,** de Juan Vicente Córdoba *(proyecto).* **La ciudad de los prodigios,** de Mario Camus *(proyecto).*

• Ha intervenido en el **cortometraje «El pañuelo de mármol»,** de José Luis Acosta (1988).

• Además, ha trabajado para la **televisión** en las **series: Ramón y Cajal,** de José María Forqué (1981); **Fragmentos de interior,** de Francisco Abad (1984); **Tristeza de amor,** de Manuel Ripoll (1985); **Fantasmas en herencia,** de Juan Luis Buñuel (1989); **Delirios de amor (Soleá),** de Félix Rotaeta (1989); **Cosas que pasan,** de Josefina Molina (1990); **Alta tensión (Adriana),** de Juan Luis Buñuel (1993); **La mujer de tu vida (La mujer gafe),** de Imanol Uribe (1994); y **Querido maestro,** de Julio Sánchez Valdés (1997) (versión española de la serie italiana *Caro maestro).*

• También para la **televisión,** ha presentado el programa de cine **«PRIMER PLANO»** (para Canal Plus).

• En cuanto al **teatro,** ha representado las siguientes obras: **El cementerio de los pájaros,** de Antonio Gala; **La Chunga; Bajarse al moro;** y **Gracias, abuela,** de Sebastián Yunyent (1990).

Ana Torrent

ANA TORRENT

Nombre real: Ana Torrent Bertrán-Delís.
Nacimiento: 12 de julio de 1966, en Madrid.

Descubierta a los siete años por VICTOR ERICE en «**El espíritu de la colmena**» (1973), trabaja posteriormente con CARLOS SAURA en «**Cría cuervos**» y «**Elisa, vida mía**». Tras intervenir junto a ÁNGELA MOLINA en «**Operación Ogro**» de GILLO PONTECORVO, consigue una aplaudida interpretación en «**El nido**» (1980) de JAIME DE ARMIÑÁN, junto a HÉCTOR ALTERIO. Cursa entonces estudios de Arte Dramático y prosigue una irregular carrera cinematográfica, donde destacan títulos como «**Los paraísos perdidos**» (1985) de BASILIO MARTÍN PATINO y, sobre todo, «**Vacas**»

(1992) de JULIO MEDEM, en la que logra otra convincente recreación de su personaje. AZUCENA RODRÍGUEZ la dirige en «**Entre rojas**» y «**Puede ser divertido**», y JAIME DE ARMIÑÁN vuelve a contar con ella en «**El palomo cojo**», junto a PACO RABAL. En 1996 se mete al público en el bolsillo con su angustioso papel en «**Tesis**», del entonces director novel ALEJANDRO AMENÁBAR. Con «**El grito en el cielo**» (1997) de FÉLIX SABROSO y DUNIA AYASO, tiene al fin la oportunidad de sacar a relucir su *vis cómica*. El rostro de ANA TORRENT también se hizo muy popular en las series de televisión «**ANILLOS DE ORO**» y «**SEGUNDA ENSEÑANZA**», ambas dirigidas por PEDRO MASÓ.

Impacto cinematográfico

Sin duda alguna *«la mirada más inquietante del cine español»*, recibe en 1973 el Fotogramas de Plata a la mejor interpretación por «**El espíritu de la colmena**», siendo asimismo elegida por los cronistas de espectáculos de Nueva York como la mejor actriz del año. Obtiene esta misma distinción en 1980 por su labor en «**El nido**», así como el Pre-

mio a la mejor actriz en el Festival de Montreal. Galardonada en el Festival de Cine Mediterráneo de Bastia (Francia) con el Gran Premio de interpretación femenina por «**Tesis**» (1996), película por la que recibe también el Premio de la Asociación de Cronistas Hispanos de Nueva York y una nominación en los Premios Goya, hoy ocupa un merecido lugar en nuestra historia cinematográfica.

Filmografía

1973. El espíritu de la colmena, de Víctor Erice. **1975. Cría cuervos**, de Carlos Saura. **1977. Elisa, vida mía**, de Carlos Saura. **1978. Misa en sí menor** (*Bach: H-Moll Messe*), de Klaus Kirschner. **1979. Operación Ogro** (*Ogro*), de Gillo Pontecorvo. **1980. El nido**, de Jaime de Armiñán. **1982. La hija rebelde**, de Gustavo Ehmck. **1983. Bomarzo**, de Birgitta Trommler. **1985. Los paraísos perdidos**, de Basilio Martín Patino. **1987. El túnel**, de Gillo Pontecorvo.

1989. Sangre y arena, de Javier Elorrieta. **1991. Amor y deditos del pie**, de Luis Felipe Rocha. **1992. Vacas**, de Julio Medem. **1995. Entre rojas**, de Azucena Rodríguez. **Puede ser divertido**, de Azucena Rodríguez. **El palomo cojo**, de Jaime de Armiñán. **1996. Tesis**, de Alejandro Amenábar. **1997. El grito en el cielo**, de Félix Sabroso y Dunia Ayaso. **1998. Un banco en el parque**, de Agustí Vila. **Yoyes,** de Helena Taberna *(proyecto)*. **Ave María,** de Eduardo Rosof *(proyecto)*.

• Además, ha trabajado para la televisión en las **series: El jardín de Venus**, de José María Forqué (1982); **Anillos de oro**, de Pedro Masó (1983); **Segunda enseñanza**, de Pedro Masó (1985); y **Hemingway, fiesta y muerte**, de José María Sánchez (1987).

• En cuanto al **teatro**, ha representado las siguientes obras: **Las mocedades del Cid**; **La profesión de la señora Warren** de Bernard Shaw, dirigida por Calixto Bieito (1997); y **Lorca**, dirección de Cristina Rota (Compañia Nuevo Repertorio) (1998).

Antonio Valero

ANTONIO VALERO

Nombre real: Antonio Valero Osma.
Nacimiento: 24 de agosto de 1955, en Burjasot (Valencia).

Tras una brillante actividad en el teatro catalán con los directores FABIÁ PUIGSERVER, ALBERT BOADELLA y PERE PLANELLA, consigue en Nueva York una beca de dos años para estudiar junto a JOHN STRASBERG. En 1986 debuta en el cine con uno de los principales papeles de **«La mitad del cielo»** de MANUEL GUTIÉRREZ ARAGÓN, interviniendo también en **«Adiós, pequeña»** de IMANOL URIBE. Un año más tarde VICENTE ARANDA le incluye en el reparto de **«El Lute (camina o revienta)»,** donde coincide por vez primera con IMANOL ARIAS. Tras interpretar a un galán en **«El juego más divertido»** de EMILIO MARTÍNEZ LÁZARO, le llega en 1990 su gran oportunidad a través de la pequeña panta-lla como protagonista de la serie de MARIO CAMUS **«LA FORJA DE UN REBELDE».** Repite dos años más tarde con CAMUS en **«Después del sueño»,** y en 1993 forma un interesante trío actoral junto a IMANOL ARIAS y VICTORIA ABRIL en **«Intruso»** de VICENTE ARANDA. Tras ser dirigido en 1995 por el propio IMANOL en **«Un asunto privado»,** vuelve a coincidir con él en el reparto de la coproducción italiana **«A tres bandas»** de ENRICO COLETTI. Junto a ANA DUATO y a las órdenes de MARIO CAMUS rueda **«Adosados»** (1996) y **«El color de las nubes»** (1997), consiguiendo con esta ultima película el aplauso de crítica y público. Regresa a la pequeña pantalla con la exitosa serie **«MÉDICO DE FAMILIA»,** dando vida en ella al simpático primo de EMILIO ARAGÓN.

Impacto cinematográfico

Actor independiente de nuestro cine, logra un importante reconocimiento a su trabajo a través de la serie de televisión **«LA FORJA DE UN REBELDE»,** papel por el que queda fina-lista en los Fotogramas de Plata como mejor actor de televisión. Nominado también en los Premios Goya como mejor actor de reparto por **«El color de las nubes»** (1997), se nos presenta hoy como uno de nuestros más sólidos intérpretes.

Filmografía

1986. La mitad del cielo, de Manuel Gutiérrez Aragón. **Adiós, pequeña,** de Imanol Uribe. **1987. El Lute (camina o revienta),** de Vicente Aranda. **El juego más divertido,** de Emilio Martínez Lázaro. **1991. Escrito en las estrellas** (*Escrit als estels*), de Ricard Reguant. **1992. Después del sueño,** de Mario Camus. **1993. Intruso,** de Vicente Aranda. **1995. Un asunto privado,** de Imanol Arias. **1996. A tres bandas** (*The cuemaster*), de Enrico Coletti. **Adosados,** de Mario Camus. **1997. El color de las nubes,** de Mario Camus. **La vuelta del Coyote,** de Mario Camus. **1998. Necesito que te mueras,** de Gonzalo Justiniano (*proyecto*).

• Asimismo, ha intervenido en el **cortometraje «Viaje a la luna»,** de Javier Martín-Domínguez (1997).

• Además, ha trabajado para la **televisión** en las **series: La forja de un rebelde,** de Mario Camus (1990); y **Médico de familia,** de Daniel Ecija (1995).

Fernando Valverde

FERNANDO VALVERDE

Nombre real: Fernando García Valverde.
Nacimiento: 26 de abril de 1951, en Ávila.

Se traslada a Madrid para iniciar la carrera de aparejador, abandonándola pronto por el Séptimo Arte. En 1977 debuta en la gran pantalla, junto a una excelente VERÓNICA FORQUÉ, en **«La guerra de papá»** de ANTONIO MERCERO, y diez años más tarde comparte cartel con un soberbio ALFREDO LANDA en la mágica película de JOSÉ LUIS CUERDA **«El bosque animado».** En 1989 interviene en **«Esquilache»** de JOSEFINA MOLINA, con la que también rueda **«Lo más natural»** antes de ponerse a las órdenes de JUANMA BAJO ULLOA en la original **«Alas de mariposa»** (1991), sin duda alguna uno de los mejores trabajos del actor, perfectamente complementado por SILVIA MUNT. En 1993 consigue otra conmovedora interpretación en **«Sombras en una batalla»** de MARIO CAMUS, dándole esta vez la réplica a CARMEN MAURA. Coincide de nuevo con SILVIA MUNT en **«Una piraña en el bidé»** (1996) de CARLOS PASTOR, en el papel de un hombre vulnerable e inestable, y al año siguiente MARIO CAMUS le vuelve a dirigir en **«El color de las nubes».** En la pequeña pantalla, es aplaudida su recreación de Luis Buñuel en la estupenda serie de JUAN ANTONIO BARDEM **«LORCA: MUERTE DE UN POETA».** Sin embargo, la popularidad televisiva la consigue a través de dos telecomedias de gran audiencia: **«PEPA Y PEPE»,** junto a VERÓNICA FORQUÉ, y **«TODOS LOS HOMBRES SOIS IGUALES»,** basada en la película del mismo nombre.

Impacto cinematográfico

Conocido amistosamente en la profesión como TITO VALVERDE, le es entregado en 1993 el Premio Goya al mejor actor de reparto por su papel en **«Sombras en una batalla».** Finalista en 1995 a los Fotogramas de Plata como mejor actor de televisión por **«PEPA Y PEPE»,** recibe en los dos años siguientes el Premio de la Unión de Actores a la mejor interpretación protagonista de televisión por **«TODOS LOS HOMBRES SOIS IGUALES»,** serie por la que también queda finalista en los Fotogramas de Plata de 1997. Merecedor asimismo del Premio de la Unión de Actores en 1991 y 1993, logra siempre transmitirnos a través de la pantalla una más que sincera humanidad.

Filmografía

1977. La guerra de papá, de Antonio Mercero. **1987. El bosque animado**, de José Luis Cuerda. **1989. Esquilache**, de Josefina Molina. **Amanece que no es poco**, de José Luis Cuerda. **1990. Lo más natural**, de Josefina Molina. **La luna negra**, de Imanol Uribe. **1991. Alas de mariposa**, de Juanma Bajo Ulloa. **1992. Una estación de paso**, de Gracia Querejeta. **Huidos**, de Sancho Gracia. **1993. ¿Por qué lo llaman amor cuando quieren decir sexo?**, de Manuel Gómez Pereira. **El aliento del diablo**, de Paco Lucio. **Sombras en una batalla**, de Mario Camus. **Cómo ser infeliz y disfrutarlo**, de Enrique Urbizu. **1994. Amor propio**, de Mario Camus. **1995. La ley de la frontera**, de Adolfo Aristarain. **1996. Una piraña en el bidé**, de Carlos Pastor. **1997. El color de las nubes**, de Mario Camus. **El grito en el cielo**, de Félix Sabroso y Dunia Ayaso.

• Asimismo, ha intervenido en el cortometraje **«La decisión de Machín»** (1998).

• Además, ha trabajado para la **televisión** en las **series: Lorca: muerte de un poeta**, de Juan Antonio Bardem (1987); **La huella del crimen** (episodio «El crimen del expreso de Andalucía», de Imanol Uribe) (1989); **El mundo de Juan Lobón**, de Enrique Brasó (1989); **Para Elisa,** de Adolfo Dufour y tres realizadores más (1991); **Pepa y Pepe**, de Manuel Iborra (1993); **Habitación 503**, de Pedro Amalio López (1993), y **Todos los hombres sois iguales**, de Jesús Font (1996).

Maribel Verdú

MARIBEL VERDÚ

Nombre real: María Isabel Verdú Rollán.
Nacimiento: 2 de octubre de 1970, en Madrid.

En su adolescencia modelo de *spot* publicitarios, es elegida a los trece años para interpretar a la hermana de Victoria Abril en el episodio «EL CRIMEN DEL CAPITÁN SÁNCHEZ», dirigido por VICENTE ARANDA, para la serie «**LA HUELLA DEL CRIMEN**». En 1985 RICARDO FRANCO la contrata para la película «**El sueño de Tánger**», consiguiendo un año más tarde el reconocimiento como actriz gracias al dramático papel de «**27 horas**» de MONTXO ARMENDÁRIZ. Reconocimiento que afianza ese mismo año en la película de FERNANDO TRUEBA «**El año de las luces**», donde comparte cartel con JORGE SANZ, otro joven actor del momento. Interviene en una serie de películas de menor renombre y en 1991 vuelve a reconquistar la gran pantalla, a través del personaje de Trini, en «**Amantes**» de VICENTE ARANDA donde vuelve a reunirse con Jorge Sanz y Victoria Abril formando un excelente trío interpretativo. MANUEL GÓMEZ PEREIRA

Impacto cinematográfico

Con un puesto envidiable dentro de la profesión, una popularidad enorme a todos los niveles y una cotización espléndida, MARIBEL VERDÚ se nos presenta en la actualidad como una de las actrices con más talento de este país. Recibe el Premio Revelación por su estremecedora composición en «**27 horas**» y en 1991 se le otorga por «**Amantes**» el Premio Ondas, siendo también por esta película nominada en los Premios Goya y finalista en los Fotogramas de Plata. Vuelve a quedar finalista en los Fotogramas de Plata de 1992 por «**Belle Epoque**» y en 1996 recibe una nueva nominación

cuenta con ella para su «**Salsa rosa**» y en 1992 consigue un nuevo éxito con «**Belle Epoque**» de FERNANDO TRUEBA, arropada por un excelente reparto y un guión de calidad. Tras rodar a las órdenes de BIGAS LUNA «**Huevos de oro**», logra un nuevo éxito de la mano de JOSÉ LUIS GARCI y su «**Canción de cuna**» y en «**La Celestina**» (1996) vuelve a demostrarnos su gran calidad interpretativa. Con «**La buena estrella**» de RICARDO FRANCO (1997) nos seduce de nuevo, pero esta vez a través del perfil más duro y marginal de una mujer que se debate entre JORDI MOLLÁ y ANTONIO RESINES. En 1998 participa, por vez primera, en una producción de habla francesa con «**La capital del mundo**», segundo largometraje de ERIC BARBIER. En televisión consigue una gran popularidad con la serie de JOSÉ GANGA «**CANGUROS**», no dejando en ningún momento el mundo de la publicidad, al que presta su imagen para conocidas marcas de cosméticos y lencería. Está unida sentimentalmente al operador cinematográfico Pablo Hernández, al que conoció durante el rodaje de «**Tres palabras**».

a los Premios Goya como mejor actriz de reparto por su trabajo en «**La Celestina**». En 1997 es nuevamente nominada a los Premios de la Academia, esta vez como actriz principal, por «**La buena estrella**». La Peña Periodística Primera Plana le concede en 1998 el Premio Cinematográfico JORGE FIESTAS por «**Carreteras secundarias**» y «**La buena estrella**», dos títulos por los que queda una vez más finalista en los Fotogramas de Plata como mejor actriz de cine. En cuanto a la pequeña pantalla, consigue el Fotogramas de Plata a la mejor actriz de televisión de 1994 con «**CANGUROS**», habiendo quedado anteriormente finalista en esta categoría por «**PÁJARO EN UNA TORMENTA**» (1990).

Filmografía

1985. El orden cómico, de Alvaro Forqué. **El sueño de Tánger**, de Ricardo Franco. **1986. 27 horas**, de Montxo Armendáriz. **El año de las luces**, de Fernando Trueba. **1987. La estanquera de Vallecas**, de Eloy de la Iglesia. **El señor de los llanos**, de Santiago San Miguel. **El juego más divertido**, de Emilio Martínez Lázaro. **Barcelona Connection**, de Miguel Iglesias. **1988. El aire de un crimen**, de Antonio Isasi. **Sinatra**, de Paco Betriú. **Soldadito español**, de Antonio Giménez-Rico. **1989. Los días del cometa**, de Luis Ariño. **1990. Ovejas negras**, de José María Carreño. **1991. Amantes**, de Vicente Aranda. **Salsa rosa**, de Manuel Gómez Pereira. **1992. El beso del sueño**, de Rafael Moreno Alba. **Belle Epoque**, de Fernando Trueba. **1993. Tres palabras**, de Antonio Giménez-Rico. **Huevos de oro**, de Bigas Luna. **El cianuro, ¿sólo o con leche?**, de José Ganga. **Al otro lado del túnel**, de Jaime de Armiñán. **1994. Canción de cuna**, de José Luis Garci. **1996.**

La Celestina, de Gerardo Vera. **1997. La buena estrella**, de Ricardo Franco. **Carreteras secundarias**, de Emilio Martínez Lázaro. **1998. La capital del mundo**, de Eric Barbier. **El entusiasmo**, de Ricardo Larraín. **Frontera Sur**, de Gerardo Herrero. **El día que murió Judy Garland**, de Vicente Mora (*proyecto*).

● Ha intervenido en los **cortometrajes** «**Per molts anys**», de Jesús Font (1987); y «**Sabor a rosas**», de Mónica Agulló (1989).

● Además, ha trabajado para la **televisión** en las series: **La huella del crimen (El crimen del capitán Sánchez)**, de Vicente Aranda (1984); **Segunda enseñanza**, de Pedro Masó (1985); **Turno de oficio**, de Antonio Mercero (1986); **Vida privada**, de Paco Betriú (1987); **El mundo de Juan Lobón**, de Enrique Brasó (1989); **Badis**, de Mohamed Abderrahman (1989); **Los jinetes del alba**, de Vicente Aranda (1989); **Historias del otro lado (El hombre medicina)**, de José Luis Garci (1991); **Canguros**, de José Ganga (1994), y **Ana y sus hermanas**, de Chus

Gutiérrez (1998).

● También para la **televisión**, ha trabajado en los **telefilmes: Nunca se sabe**, de Cayetano Luca de Tena (1986); **Pájaro en una tormenta**, de Antonio Giménez-Rico (1990), y **La mujer y el pelele**, de Mario Camus (1990).

● Junto a Fernando Guillén Cuervo ha **presentado** el **programa de televisión** «PRIMER PLANO» (para Canal Plus). También es una de las presentadoras del largometraje «*Sombras y luces: cien años de cine español*»(1996).

● En cuanto al **teatro**, ha representado las obras **Romeo y Julieta** de William Shakespeare, dirigida por Antonio Guiran (1986); **Don Juan Tenorio**; **Juego de reinas**, de Gerardo Malla; **Miles Gloriosus**, de Alonso de Santos (1989); y **Después de la lluvia**.

● Ha grabado un disco de boleros titulado TRES PALABRAS, de igual nombre que la película que protagonizó a las órdenes de Giménez-Rico.

CACITEL, S.L.

La editorial al servicio del coleccionista y/o aficionado cinematográfico, ofrece:

TRES enciclopedias enormemente sugestivas sobre el mundo del cine, que se **actualizan anualmente** con la edición del correspondiente fascículo.

Todos los Oscars

La enciclopedia más completa que existe sobre las famosas estatuillas de Hollywood, que se conceden desde 1927, con más de 1.000 ilustraciones.

- Tomo I (1927-1986) .... 4.900 pts.
- Tomo II (1987-1990) .... 680 pts.
- Fascículo de 1991 .... 300 pts.
- Fascículo de 1992 .... 350 pts.
- Fascículo de 1993 .... 380 pts.

- Fascículo de 1994 .... 400 pts.
- Fascículo de 1995 .... 420 pts.
- Fascículo de 1996 .... 425 pts.
- Fascículo de 1997 .... 430 pts.
- Fascículo de 1998 .... 450 pts.

(Aparición en mayo de 1999)

Todos los Goya

De la Academia de Artes y Ciencias Cinematográficas de España, con las fichas de los films galardonados, incluyendo asimismo la reproducción de sus carteles y el comentario de los hechos más sobresalientes de la ceremonia de entrega de premios.

- Tomo I (1986-1995)...795 pts.
- Fascículo de 1996 ....270 pts.
- Fascículo de 1997 ....290 pts.
- Fascículo de 1998 ....290 pts. (Aparición en marzo de 1999)

Festivales Europeos
Venecia, Cannes, Berlín y San Sebastián

Con todos los palmarés; el comentario de los hechos más relevantes de cada certamen y la ficha, con la reproducción de su cartel, de los principales films ganadores.

- Tomo I ....Venecia (1932/97); Cannes; (1946/97); Berlín (1951/97), y San Sebastián (1953/97) ....985 pts.
- Los cuatro grandes festivales Europeos en 1998 ....430 pts. (Aparición en diciembre de 1998)

La colección sobre «Las cien mejores películas de cada género de la historia del cine», que recoge en cada volumen todas las encuestas realizadas al respecto, junto a las listas correspondientes a las películas oscarizadas y más taquilleras del género.
Hasta el momento, se han publicado los siguientes volúmenes:
- **Los 100 mejores western.**
- **Las 100 mejores películas de carácter fantástico.**
- **Las 100 mejores películas de suspense.**
- **Las 100 mejores películas policíacas y de gángsters.**
Todos los libros tienen un **precio** de venta al público de **2.500 pts./ejemplar.**

La colección sobre «Las estrellas cinematográficas de la historia del cine», con la foto a toda página de las seleccionadas, y su filmografía, junto a todo tipo de datos profesionales y personales.
Esta colección consta de dos volúmenes que son:
- **Cien diosas de 100 años de cine.**
- **Cien reyes de 100 años de cine.**
Cada libro tiene un **precio** de venta al público de **2.500 pts./ejemplar.**

Colección «Todo el cine de», que analiza en profundidad el cine, sobre un determinado tema o personaje cinematográfico. Los volúmenes publicados son:
- **Todo el cine de Stephen King**, que estudia por medio de 96 páginas a todo color los filmes y producciones televisivas, realizadas en base a las obras literarias de este singular escritor. Su precio es de **995 pts./ejemplar.**
- **Todo el cine de Leonardo Di Caprio**, con el estudio de las películas de este singular actor, así como el analisis del resto de su actividad profesional y de su vida personal. Su precio es de **860 pts./ejemplar.**

Libros especiales para coleccionistas:
- **«El cartel de cine en España»**, que a un tamaño de 22,5 x 31, reproduce a través de 283 páginas a todo color, cientos de afiches de cine realizados por dibujantes de nuestro país. Su precio al público es de **7.500 pts./ejemplar.**
- **«Los programas de mano en España»**, Este libro ofrece, por medio de 180 páginas a color, un recorrido por la historia de los programas de mano en nuestro país, con numerosas ilustraciones. Su precio es de **4.600 pts./ejemplar.**
- **«La historia del cine en 13 posters»**, conteniendo, al dorso de cada poster, todos los datos del primer siglo de existencia del cine. Su precio es de **1.800 pts./ejemplar.**

Disponemos además de muchos más libros, así como de otros artículos de coleccionismo cinematográfico (postales, fotos, guías, etc).
Solicita, sin compromiso alguno por tu parte, el **envio gratuito** de nuestro catálogo a **Cacitel S.L. Apartado de correos 66 de San Sebastián de los Reyes, 28700 (Madrid)**, y recibirás, ademas, una postal de regalo.